Francisco de Rojas Zorrilla

Peligrar en los remedios

Barcelona **2024**
Linkgua-ediciones.com

Créditos

Título original: Peligrar en los remedios.

© 2024, Red ediciones S.L.

e-mail: info@linkgua.com

Diseño de cubierta: Michel Mallard.

ISBN tapa dura: 978-84-9953-628-6.
ISBN rústica: 978-84-9816-234-9.
ISBN ebook: 978-84-9897-779-0.

Cualquier forma de reproducción, distribución, comunicación pública o transformación de esta obra solo puede ser realizada con la autorización de sus titulares, salvo excepción prevista por la ley. Diríjase a CEDRO (Centro Español de Derechos Reprográficos, www.cedro.org) si necesita fotocopiar, escanear o hacer copias digitales de algún fragmento de esta obra.

Sumario

Créditos _____ 4

Brevísima presentación _____ 7
   La vida _____ 7

Personajes _____ 8

Jornada primera _____ 9

Jornada segunda _____ 47

Jornada tercera _____ 89

Libros a la carta _____ 133

Brevísima presentación

La vida

Francisco de Rojas Zorrilla (Toledo, 1607-Madrid, 1648). España.
Hijo de un militar toledano de origen judío, nació el 4 de octubre de 1607. Estudió en Salamanca y luego se trasladó a Madrid, donde vivió el resto de su vida. Fue uno de los poetas más encumbrados de la corte de Felipe IV. Y en 1645 obtuvo, por intervención del rey, el hábito de Santiago.

Empezó a escribir en 1632, junto a Pérez Montalbán y Calderón de la Barca, la tragedia El monstruo de la fortuna. Más tarde colaboró también con Vélez de Guevara, Mira de Amescua y otros autores.

Felipe IV protegió a Rojas y pronto las comedias de éste fueron a palacio; su sátira contra sus colegas fue tan dura al parecer que alguno de los ofendidos o algún matón a sueldo le dio varias cuchilladas que casi lo matan. En 1640, y para el estreno de un nuevo teatro construido con todo lujo, compuso por encargo la comedia *Los bandos de Verona*. El monarca, satisfecho con el dramaturgo, se empeñó en concederle el hábito de Santiago: las primeras informaciones no probaron ni su hidalguía ni su limpieza de sangre, antes bien, la empañaron; pero una segunda investigación que tuvo por escribano a Quevedo, mereció el placer y fue confirmado en el hábito (1643). En 1644, desolado el monarca por la muerte de su esposa Isabel de Borbón y poco más tarde por la de su hijo, ordenó clausurar los teatros, que no se abrirían ya en vida de Rojas Zorrilla, muerto en Madrid el 23 de enero de 1648.

Personajes

El Rey
Carlos, su hermano
El conde Federico
El marqués Roberto
El duque Conrado, padre de Violante
El almirante de Sicilia
La infanta de Sicilia
Bofetón, lacayo
La duquesa Violante
Celia, criada

Jornada primera

(Salen Violante y Celia.)

Celia	Deja ese llanto, Violante,
y mira que no es razón
quitársele al corazón
para dársele al semblante.
No te convenza el dolor,
y guarda en estos desvelos
el sentir para los celos,
pero no para el amor.
Mira que es acción errada
poner a riesgo tu vida;
¿Qué has de hacer aborrecida
si estás llorando adorada?

Violante	Aunque tu celo procura
atajarme esta pasión,
tienen muy antigua unión
la desdicha y la hermosura.
Mas solo porque no ignores
lo que en mi dolor previenes,
yo estoy deseando desdenes
como otras damas favores.
Nadie me ve, oh Celia bella,
que en mi fuego no se apura,
o ya lo haga mi hermosura
o lo disponga mi estrella.
De cuatro a un tiempo querida
y de uno solo pagada,
traigo la pasión turbada
y temerosa la vida.
Difícil asalto emprenden

al muro del corazón;
oye, y te diré quién son
los cuatro que me pretenden.
El Rey mi favor desea
con más cauteloso ardor,
y a su batalla de amor
es mi recato trinchea.
Carlos, su hermano, el Infante,
es a quien adoro yo,
no solo obligada, no,
sino rendida y amante,
roca a la fuerza del hado,
pues óyeme lo que digo:
Carlos tiene un grande amigo
y el Rey tiene mi gran privado.
El privado, poco atento
a las órdenes del Rey,
hace de su afecto ley
y amor de su pensamiento,
como inadvertido ignora
que el Rey me adora y estima,
y el Rey su esperanza anima
y el vasallo su amor llora;
y sin ser comunicado
entre los dos este amor,
ni es el vasallo traidor
ni el Rey tampoco injuriado.
Pues el Infante en rigor,
Carlos, que es mi amante digo,
aun a su mayor amigo
no le ha contado su amor.
Y el amigo, como ignora
a quien adora el Infante
firme, obligado y amante

| | me pretende y enamora.
            Y así, en competencia tal,
            aspirando a mis favores,
            siendo a sus dueños traidores
            no hay ninguno desleal.

Celia   Sola una cosa he dudado
            desa llama o dese ardor,
            cuando siendo grande amor
            no ha sido comunicado.
            ¡Oh como se encubre, digo,
            pues de tus razones hallo,
            que el Rey le calla al vasallo
            cuando el infante a su amigo!
            Mas cánsame tu desdén;
            ¿ves? tus cuatro enamorados,
            tienen a treinta criados,
            y a todos los quiero bien.

(Sale Bofetón.)

Bofetón   ¿Señora?

Violante   ¿Qué hay, Bofetón?

Bofetón   Con el conde Federico
            se ha entrado el infante Carlos,
            muy confuso y divertido
            hasta este cuarto primero,
            y por cosas que le he dicho
            no le he podido atajar.

Violante   Bofetón, no te he entendido;
            que si a visitarme viene,

	siempre viene solo.
Bofetón	Digo, que se acoge acá, que llueve.
Violante	Esperarle aquí es preciso.

(Sale el Conde y Carlos, triste.)

Conde	¿Adónde, Infante y señor, turbado, triste y remiso, sin queja para el dolor y sin voz para el alivio te llevan tus propios pasos hecho estatua de ti mismo?
Carlos	Déjame, Conde, llorar, supuesto que eres mi amigo, una pena que no es mía y un mal tan introducido que no quiere que la lengua o de piedad o de oficio le comunique al consejo lo que recela advertido, que llegara a ser menor si yo te lo comunico.
Conde	En la calle te he encontrado; viéndote a solas contigo quise saber lo que tienes; ¿Qué traes, qué te ha sucedido? Suelta la pena al consejo, la voz presta a mis oídos, no te aconsejes tu propio,

porque errarás el destino
si para el acierto buscas
las pasiones por amigos.

Carlos   Ya te dije, Conde, ahora,
que los males que publico
con la lengua de mis ojos,
con la voz de mis suspiros,
ni son venganzas ni ofensas,
sino unos afectos vivos
tan buenos para callados,
tan malos para decirlos,
que para sentirlos menos
o los guardo o los reprimo.
Que si al riesgo de la voz
valeroso lo suplico,
vendré a ser como el que está
de acero mal defendido:
le aqueja más el remedio
que la ejecución del filo.
Y así, pues que ya me dejas
en esta casa, te pido,
que el paso de tu cuidado
restaure el tiempo perdido.
Al duque Conrado busco
para un negocio preciso,
hablaré en su casa ahora;
y así, Conde, te suplico
me dejes en ella, y vete,
que aunque es oficio de amigo
porfiar en ocasiones,
no es de amigos entendidos.

Conde   Digo, que yo te obedezco;

(Aparte.) (Una cosa he presumido,
que añade mayor materia
al fuego de mis sentidos.
¿Si Carlos quiere a Violante
a quien adoro y estimo,
y sin decirme su amor
confusamente indeciso,
arde errada mariposa
en sus rayos encendidos?
Pero esto no puede ser,
pues cuando iay afectos míos!
la adorara, yo supiera
su inclinación por su amigo.
Pero ya Carlos la adore
o ya los cielos benignos
permitan que no la quiera,
a un tiempo me determino
a atajar y reprimir
este volcán en que vivo;
porque yo le quiero tanto,
que al riesgo de mil peligros
antepondré mi lealtad;
que él que adora inadvertido
dama que su amigo quiere,
es traidor y no es amigo.)

(Vase.)

Bofetón   Ea, señor, ¿no te llegas?
Violante está aquí, y yo he visto
que te está acechando el alma
por la vista, que es resquicio
por donde mira el amor
rayo a rayo y viso a viso.

Celia	Llégate a hablarle, por Dios, que bien mirado es delito que disimulen las obras lo que los ojos han dicho. Y si engañas al amor, repara bien que es preciso que castigue como Dios lo que calla como niño.
Bofetón	Ea, llégate, ¿qué esperas? ¿No parece en lo remiso que quiere pedir prestado a hombre poco conocido?
Celia	Habla al Infante, ¿qué aguardas? ¿Piensas que es ya tu marido? No ensombreres el semblante ni encapotes el hocico.
Carlos	Yo me llego.
Violante	Yo le hablo.
Carlos	¡Dulce prenda!
Violante	¿Dueño mío? En buen hora, Infante, vengas con tu vista a dar alivio a este raudal de mis ojos, que desangrando hilo a hilo por dos fuentes que eligió, riega el sentimiento mío para que crezca el dolor

                    como si en el pecho mismo
                    no estuviese el corazón,
                    que es un arroyo nativo
                    que en el término del alma
                    por líneas y caminos
                    tiene a las penas en flor
                    y en el fruto los suspiros.

Carlos   Guárdete el cielo, Violante.

Violante   ¿Cómo tan necio y tan tibio,
                    con sola una voz pagáis
                    un discurso que, repito,
                    en las palabras también,
                    como en las obras remiso?
                    ¿Qué es esto? Señor Infante,
                    ¿Qué se hizo aquel cariño?
                    ¿Qué se hizo vuestra fineza?
                    ¿Y vuestro amor, qué se hizo?
                    ¿Vos los ojos sin objeto?
                    ¿Las razones sin aliño?
                    ¿Sin voz la lengua en el labio
                    y sin obras los sentidos?
                    ¿Hablando a solas con vos,
                    y a que os vea habéis venido?
                    Disculpaos, señor Infante,
                    cumplid siquiera conmigo,
                    fingid de lo que soléis,
                    pues no os cuesta lo fingido;
                    mirad, que os he dicho a solas
                    que os adoro y que os estimo,
                    y que me echéis a perder
                    un amor tan bien nacido
                    por no fingirme siquiera.

            Y así, señor, os suplico,
            pues no pagáis lo que os amo,
            que me igualéis lo que os digo.

Carlos   ¡Ay Duquesa de mis ojos!
            ¡Oh, nunca te hubiera visto!
            ¡Oh, siempre tu rostro hermoso
            se me hubiera resistido
            con sus rayos! Aunque en ellos
            la luz viera en que respiro;
            bien así como sucede
            a ese planeta divino
            que con lo mismo que ofende
            da luz a prados y a riscos.
            Yo no te puedo decir,
            señora, los males míos;
            no adelantes la sentencia,
            porque entiendo que, al decirlos
            no he de poder refrenarlos;
            ya presumo que habrás visto
            foso de nieve cuajado
            el que era corriente río,
            que porque le heló el invierno
            densamente entumecido,
            de hueco espejo del prado
            se trocó monte macizo;
            y siendo cielo en la selva
            sustituye al cristalino,
            siendo trinchera de nieve,
            cristal de roca castizo,
            helada leche que el tiempo
            presenta al prado florido,
            y si le derrite el Sol
            empieza por el abismo

con lento paso a correr,
hasta que del ejercicio
polilla de plata limpia
roe su propio vestido;
y abriendo puertas al mar,
corre alado y vuela frío,
atropellando las flores
y haciendo penachos rizos,
lleva las peñas a saco,
porque el Sol, su juez altivo,
mandó al tiempo, alcaide suyo,
que le quitase los grillos;
así mis males corrían
hechos caudalosos ríos
por el alma, que es el prado
más espacioso y florido.
Pero helándolas el riesgo,
las trocó en nuevo granizo,
adonde el Sol de tus ojos,
mejor juez y más activo,
de su helada cárcel manda
que se arrojen derretidos
a la lengua, que es el mar;
mas temo, que si los digo,
como helados estuvieron,
han de arrojarte tan vivos
que no han de querer parar;
y así ahora los destilo
en palabras por los ojos,
por ver si en esto consigo
que se paren cuando vean
que van por otro camino.

Violante   Hacer lenguas de los ojos

                        más es propiedad que vicio,
                        que de las voces del alma
                        son intérpretes divinos.
                        Pero no es razón, Infante,
                        quitar a la voz su oficio
                        para dársele a la vista;
                        ni está mi ingenio tan fino
                        que siendo tus penas tantas
                        y tus males tan prolijos,
                        ha de entenderte por señas;
                        no sabe la voz decirlos,
                        con ser quien más los entiende
                        de costumbre o de ejercicio,
                        ¿y quieres tú que los ojos
                        me digan lo que no han visto?

Carlos   Pues óyeme.

Violante   Ya te escucho.
                        Véte fuera.

Celia   Ya he entendido.

(Vase.)

Carlos   ¿No te vas ya?

Bofetón   Ya me voy.

Violante   Prosigue, Infante.

Carlos   Prosigo:
                        Sigismundo, el rey, mi hermano,
                        de Nápoles dueño invicto,

mucho más que de su imperio,
monarca de su albedrío,
tuvo guerras en Sicilia
con Eduardo, su primo,
sobre que intentó casar
con el grande rey Basilio
de Polonia, a la primera
hija suya, habiendo sido
concierto, que el Rey, mi hermano,
fuese su esposo debido;
fue la guerra tan cruel
y el daño tan excesivo,
que el mar, espejo del cielo,
dos veces en sangre tinto,
pintó de carmín las naves
y trocó en coral los riscos.
Los sicilianos salientes,
o de precepto o de oficio,
con tal ánimo embistieron
nuestras fustas y navíos
en la playa de Sicilia,
que el plomo, que fue el granizo
que arrojó la saña al riesgo
de sus balas resistido,
lo más que hizo fue estorbar,
pero no lo más que quiso.
Peleaban sin temores
valerosamente altivos,
que ha menester más valor
quien sin valor ha reñido.
Y viendo nuestros soldados,
enemigos los amigos,
valientes a los cobardes,
soberbios los abatidos,

y con razón los culpados,
con mérito los indignos,
que siempre tiene razón
el que vence a su enemigo.
Por no perder el derecho
apelaron al peligro,
y sentenciando el valor,
saltando en tierra atrevidos,
firmaron con sus espadas,
que es la pluma del castigo,
en el papel de sus pechos,
con tinta de coral tibio,
habiendo visto las causas
el fallo de sus delitos.
Talando campos y montes
obró el enojo tan vivo
que las parvas que a los cielos
por puntales o por riscos
rubia competencia hicieron
a aquellos montes altivos
fueron despojos del viento,
en cenizas reducidos,
y no acordando del oro
el soldado vengativo,
hizo saco del rigor
y de la venganza asilo.
Nadó en corales el monte,
y creciendo en alarido,
subió a los cielos la queja,
mas no llegó a los oídos.
Horror era cada bulto,
tiniebla el humo prolijo.
Susto el amago, el mal vida,
la mayor memoria olvido:

la luz desmayo, el bien pena,
riesgo el valor, la ira vicio.
Y solo era en tantos males
la muerte el menor peligro;
pero Eduardo, su Rey,
dio bordo por compasivo,
que la lástima es temor
con máscara de cariño.
Tocó a recoger su gente,
prometiendo a un tiempo mismo
otra vez a la Princesa
a mi hermano vengativo.
Levantó el campo mi hermano,
y para este asiento vino
como por embajador
el Almirante, su tío.
Hasta aquí mi amor en calma,
o como contento indigno
en el mar de tu hermosura
hallo tus ojos tranquilos.
Ahora va la tormenta,
ya el Euro y el Noto a silbos
a este leño racional
le conducen al abismo.
Pidiote el embajador
por esposa; es noble, es rico,
no te merece, y soy yo
quien te amo y quien te estimo;
yo, infelice, él venturoso,
lo demás ya te lo he dicho;
pues no para aquí el efecto
de aquesos astros impíos.
El Rey de Sicilia pide
(¡Oh si los cielos benignos

a mi voz pusieran graves
de la parca el fiel cuchillo!)
que pues él tiene dos hijas
case el Rey con la Princesa,
pero la Infanta conmigo;
llamome el Rey, yo le escucho,
prometo lo que te digo,
con el semblante lo niego
y con la voz lo confirmo;
no me entendió el Rey mi hermano,
o si me entendió no quiso,
diole al Almirante el sí,
púsose luego en camino,
y es concierto que la Infanta
dará infeliz su principio,
antes que el Rey se despose
al himeneo divino;
primero me he de casar,
que en secreto me lo ha dicho;
y tú con el Almirante,
digno, pues te ha merecido;
hoy dicen que llegarán,
hoy, nuestros dos enemigos,
¡oh la galera al soltar
al ligero viento el lino,
a ser despojo del mar
choque en el primer bajío!
Perderte, ¡qué grande mal!
Me tiene tanto abstraído,
que neutralmente en sí propio,
no bien muero ni suspiro
¡ay de mi amor, si te pierdo!
¡Ay de ti, si me has perdido!
Que también lloro tu pena

por duplicar mis suspiros;
pero ya para la muerte,
cuando inconstante agonizo
en la causa del dolor,
el mirarte es el indicio,
el tormento, el adorarte;
mi confesión, el peligro;
el casarme, la sentencia;
el admitirlo, el delito;
la voz del pueblo, el pregón;
el Rey, quien manda el castigo;
la Infanta, quien lo ejecuta;
la obligación, el ministro;
será el sí, la ejecución,
y dar la mano, el cuchillo;
mirarte en ajenos brazos,
¡qué dolor tan excesivo!
Decir yo a otra dama amores,
¡qué indecente sacrificio!
Morirme de imaginarle
es de mi dolor capricho,
porque la imaginación
es el estoque más fino.
No llorarlo tú, ¡qué ofensa!
Erró amor los albedríos:
discúlpaseme el amor
su error, siendo ciego y niño.
Éste es, hermoso portento,
el cuidado que reprimo;
éste es, dulce prenda mía,
por quien muero y quien suspiro.
Ésta, gloria mía, el riesgo,
que tiene mi amor remiso,
tu aliento es soplo a esta llama,

                    por quien muero y resucito;
                    y estos son mis males todos,
                    estos los afectos míos;
                    pocos para ser contados
                    y muchos para sentidos.

Violante   De suerte, señor, de suerte,
                    está el dolor compasivo,
                    de llorar lo que tú sientes,
                    que al entregarle al oído,
                    si le lloro como a tuyo
                    le hago ofensa como a mío;
                    pero antes que no a las quejas
                    sean los remedios arbitrios,
                    y obre el discurso en el daño,
                    ya que no obra el albedrío.
                    Tú me quieres, yo te adoro;
                    tú me pagas, yo lo admito;
                    que amantes son industriosos
                    cuando son amantes finos.
                    Señor, busca tú el remedio,
                    porque al riesgo o al delito
                    expuesta mi voluntad,
                    ha de ser peñasco fijo.
                    Apenas el riesgo nace,
                    cuando está el remedio vivo.
                    Y aun yo buscaré el remedio;
                    mas cuando me significo
                    tan obediente a tu amor,
                    tu precepto solicito;
                    porque me debas siquiera
                    la obediencia a mis retiros;
                    que es fineza obedecerte
                    y es mandato el elegirlo;

	prosigue y dame el remedio.
Carlos	Oye lo que determino:
	pues ha de venir la Infanta
	por ese mar cristalino
	porque no admito su fe
	a dar a mi amor martirio,
	si el Almirante con ella
	vendrá a casarse contigo,
	atajémosles los pasos,
	y sea el remedio mismo,
	casarnos antes que venga,
	pues cuando el Rey al suplicio
	determine mi garganta,
	primero habré conseguido
	en tus brazos amorosos
	los afectos repetidos;
	si el Rey desto se ofendiere,
	venga a la vida el castigo,
	como no mueran las almas,
	los cuerpos hagan su oficio.
	Muera de haberte ganado
	y no de haberte perdido,
	que de dos muertes forzosas
	la más venturosa elijo.
Violante	Dices bien, Carlos mi esposo,
	atropellar el peligro,
	aunque sea con el riesgo,
	será consejo advertido;
	mi padre Conrado el Duque
	que está con el Rey te aviso
	cada noche hasta las doce,
	con secreto te suplico

	que vengas aquesta noche, y traerás también contigo quien nos despose en secreto. ¡Oh! el cielo compadecido me deje ver en tus brazos, donde mariposa en giros las alas del corazón entregaré al sacrificio.
Carlos	Pues admito la elección.
Violante	Y yo tu consejo admito, no te goce, no, la Infanta y obre el rigor vengativo.
Carlos	Ni te goce el Almirante, antes en mil precipicios los arroyos dese monte turben al prado Narciso.
Violante (Aparte.)	(Si él supiera que me quieren, Roberto, el Rey y su amigo.)
Carlos	El remedio antes del daño desta manera consigo.
Violante	Sin ti ¿qué vale la vida?
Carlos	La muerte venga contigo.
(Ruido dentro.)	
Violante	Ruido siento en esta sala.

Carlos	Duquesa, lo dicho dicho.
Violante	¿Vendrás esta noche?
Carlos	Sí.
Violante	Mira, señor, que he temido.
Carlos	La que no tiene recelos no tiene el amor muy vivo.
Violante	¿Qué señal me das?
Carlos	Los brazos, que son la paga y testigos.
Violante	¡Oh quién jamás se apartara! Pero adiós, esposo mío.

(Ruido dentro.)

Carlos	Adiós, dueño restaurado, aun antes de estar perdido.
Violante	Sol, anégate en el mar.

(Vase.)

Carlos	Noche, tiende el manto frío.

(Vase.)

(Salen el Marqués, Roberto, el Conde, el Duque, el Rey y acompañamiento.)

Rey	¿Llegó el aviso ya, marqués Alberto?
Marqués	Ya las alas batió, y entregó al puerto
el velamen veloz la carabela
que deja de ser ave cuando vuela
por pasarse a elemento,
siendo penacho al mar, donaire al viento.
El patrón ha avisado, que la Infanta
viene con priesa tanta,
que ya estará en la orilla,
si no es que el edificio por la quilla,
cuando esos mares toque,
o se rompa, o se sorba, o se desboque,
siendo ejemplo infelice de sí mismo,
a sorber los cristales del abismo.
Rey	Duque Conrado, para daros fama,
al árbol vuestro arrimaré una rama,
de cuyo heroico fruto
renuevos verdes coja el tiempo astuto.
Casada está Violante, vuestra hija,
que antes que amor le elija,
yo le señalo dueño;
sacáraos mi amistad de aqueste empeño,
pues hoy la caso, digo,
con quien es de mi sangre, y es mi amigo.
Duque	Vuestra elección, señor, es mi obediencia,
y sin apelación vuestra sentencia,
puesto que capitán y juez severo
vibráis en una mano el docto acero,
y la diestra razón medís constante,
o el cavado metal único cante,
por cuanto Arabia la felice llora;

	varía el mar, corre el viento y el Sol dora.
Marqués (Aparte.)	(El Rey dijo, que el que ha de ser su esposo es su amigo y su sangre, y es forzoso, según de su razón he imaginado, que siendo yo su sangre y su privado, hoy sea de su mano el elegido; no le he dicho mi amor, ya le he entendido; el Rey único, en fin, docto y perfeto, generoso señor, grave y discreto.)
Conde (Aparte.)	(Al Rey a la Duquesa le he pedido, y aunque nunca a mi amor ha respondido, hoy sin dar la respuesta me responde; su amigo y sangre soy, bien corresponde lo que dice dudoso, a mi amor y su afecto generoso.)
Duque (Aparte.)	(Su amigo a quien más quiere y sangre suya, aquí es razón que arguya, que es su hermano el Infante a quien señala, y que a su sangre mi nobleza iguala, el Infante a mi hija, amante adora, halo sabido el Rey y quiere ahora mezclar su sangre con la real que gozo, la alegría, el contento, el alborozo para llenar mis esperanzas vanas, han de reverdecer mis blancas canas.)
Rey (Aparte.)	(¡Que yo case a Violante desta suerte, y que yo sea el ministro de mi muerte! ¡Que me vea en sus afectos abrasado, y me corrija la razón de Estado! ¡Que sea mi valor mi propio miedo,

	y que prometa lo que dar no puedo!)
Marqués	¿Cuál es, señor, el dueño venturoso que ha de ser de Violante el dulce esposo?
Conde	¿Cuál es, señor, porque el amor lo cante, el que ha de ser esposo de Violante?
Duque	¿Cuál mi hijo ha de ser en vuestro estado, porque adelante el bien a mi cuidado?
Rey	El que ha de ser su dueño y es su amante.
Todos tres	¿Quién es?
Rey	Es de Sicilia el Almirante. ¿De qué os turbáis? ¿No es noble y generoso? ¿No es activo, prudente y valeroso?
Marqués	Sí; mas siendo extranjero, los títulos de Italia eran primero.
Rey	Primero es mi palabra.
Conde	Así lo digo; pero un hombre que ha sido tu enemigo...
Rey	Quien supo ser contrario buen soldado, amigo será en paz más acertado.
Duque	No sé yo si mi hija ha de sentirlo.
Rey	Como vos lo mandéis, ha de admitirlo.

Duque	Sí; mas...
Conde	Señor...
Rey	Callad.
Marqués	El Duque siente...
Rey	Otra vez digo, que ninguno intente contradecir el gusto a mi grandeza, o le pondré a sus plantas su cabeza; tal mi imaginación está turbada que castigo lo propio que me agrada.

(Sale Bofetón.)

Bofetón   Ahora en aqueste punto
de una galera se apean
una dama tan gallarda
que puede ser pioquintesa,
y un mancebo la acompaña
de tan señaladas prendas,
que es gordo de erre que erre
y bermejo de anatema.
Ella tiene muy buen talle,
un poquito virolenta,
trigueña lo que le sobra,
y Blanca lo que le queda;
todo lo que es necesario
para vivir trae con ella:
pabellón para el verano,
y para el invierno esteras;
sábanas en las enaguas
y para colchones felpa;

para cubrir, guardainfante;
y por si está de pendencia
trae en la cabeza espada
y en la cotilla defensa;
para hacer caza mejor,
redes por valona y vueltas,
jaula para pajaritos,
para gallinas pollera;
para dar coz, ponleví,
en el zapato una prensa,
los guantes para pedir,
espejo es su cara mesma.
En las bandas y listones,
manillas, sortijas, trenzas,
colonias, cintas y vidrios,
trae bien cumplida una tienda.
En efecto, ellos llegaron;
lleguen muy enhorabuena,
porque a casar a tu reino
han venido de sus tierras;
cuando otros por no casarse
se van de sus tierras mesmas.
Mas con su pan se lo coman
o meriéndenlo siquiera,
que entre dos malos casados
las comidas son meriendas;
dije ya, noble auditorio,
porque estaba de represa,
Soy hablantem me quotidie,
y tú escuchantem et caetera.

(Vase.)

Rey   Vos, Conrado, id al momento,

       y haced que Violante venga
       sin decirla para qué;
       y vos, Conde, dad las nuevas
       al Infante; pero no,
       decid que hablarle quisiera,
       y no digáis la venida
       de su esposa, porque tenga
       todas las glorias a un tiempo
       el que aguarda las finezas.

Duque   Obedecerte es mi gusto.

Conde   Tu precepto es mi obediencia.

Duque (Aparte.) (¡Que esto suceda a mis males!)

Conde (Aparte.) (¡Que esto a mi amor le suceda!)

Marqués (Aparte.) (¡Que viniese el Almirante!
       ¡Qué presto los males llegan!
       Tienen alas las desdichas,
       son ruines, vienen apriesa.)
       Salgamos a recibir,
       Marqués, la Infanta.

(Salen la Infanta, el Almirante y acompañamiento.)

Infanta   Su Alteza
       escuche las prevenciones,
       y los brazos le prevenga
       a un deseo efetuado
       y a una debida obediencia.

Rey   Si yo merezco los suyos

             los admita vuestra Alteza.

Almirante   Sus reales plantas permita
             a mi labio tu grandeza,
             porque tenga buenos fines
             quien tiene principio en ellas.

Rey   Almirante, levantaos,
             ya espero a Violante, bella
             Infanta, a mi hermano espero,
             porque a un mismo tiempo tengan
             premio vos y yo tormento,
             vos quien os sirva y os quiera.

Infanta   Señor, cuando con mi padre
             tuvisteis injustas guerras,
             todas presumo que fueron
             por mi hermana, la Princesa,
             vencisteis, hubo fortuna,
             y yo obediente y resuelta
             con vuestro hermano a casarme
             vengo a vuestra patria regia.
             Yo había de ser vuestra esposa,
             rompiose la conveniencia,
             y lo que en vos era amor
             se trocó después en tema.
             En fin, yo vengo a casarme,
             y en esta ocasión quisiera
             que lo que ha sido concierto
             hubiera sido fineza.

Rey   Si el Rey vuestro padre entonces
             por amistad lo pidiera
             yo me casara con vos;

| | pero que al polaco exceda
             por materia de gobierno
             y me niegue a la Princesa
             por elección, eso no:
             negármela y ofrecerla,
             es atropellar a un tiempo
             su palabra y mi grandeza.
             Ya este concierto esta hecho,
             dejemos estas materias
             porque se irrita la sangre
             cuando se acuerda la ofensa.

Almirante   Pues yo para interrumpir
             os quiero pedir licencia
             para desposarme hoy
             con Violante, la Duquesa.

Rey   Yo os la concedo, Almirante,
(Aparte.)   (¡Qué esto mi dolor consienta!)
             y puesto que vuestra es,
             mandad como en cosa vuestra.

Almirante   Para ejemplo del valor
             la edad de Nestórea veas.

(Salen el Duque por una, puerta y el Conde por otra, el Infante y la Duquesa.)

Conde   Aquí está el Infante y yo.

Duque   Violante, a sus plantas llega.

Carlos   Déme vuestra Majestad...

Violante   Déme a besar vuestra Alteza...

Rey	Carlos, ¿de qué os suspendéis? Violante, ¿de qué suspensa?
Carlos	Hallar delante de vos...
Violante	Ver que está en vuestra presencia de Sicilia el Almirante...
Carlos	Y con él la Infanta bella...
Rey	Hoy ha de ser vuestra esposa, y de vos, Violante, es fuerza hoy ser dueño el Almirante.
Violante (Aparte.)	(Si los males no me anegan, es porque se hielan todos en los poros y en las venas.)
Carlos (Aparte.)	(Si no muero deste agravio, es porque con diferencia si aquesta injuria me hiere, aquel remedio me alienta.)
Rey	Dadle la mano a la Infanta, que pues esta noche espera en el tálamo de amor del vuestro tantas finezas, ofrecerle vuestra mano sea señal o sea prenda; y vos también ya podéis darle la mano, Duquesa,
Carlos (Aparte.)	(¡Cielos! ¿Qué he de hacer ahora?

                            Pedirle la mano es fuerza
                            ¡que esta injuria sufra amor!
                            Pero como ciego yerra.)

Violante (Aparte.)   (Vive mi pena inmortal,
                            que si a dar la mano llega,
                            que he de hacer lo mismo yo.
                            Él le da la mano.)

Carlos (Aparte.)   Ella
                            da la mano al Almirante.

Violante (Aparte.)   ¡Oh traidor!

Carlos (Aparte.)   ¡Oh ingrata! ¡Oh fiera!

Violante (Aparte.)   Vengáreme.

Carlos (Aparte.)   (Yo me vengo.)
                            Ésta, Infanta bella...

Violante   Ésta
(Aparte.)   es mi mano. (¡Hay tal dolor!)

Carlos (Aparte.)   (¡Hay tal tormento! ¡Hay tal pena!)
                            Es la que vuestra ha de ser;
                            pero ahora, Infanta, es fuerza,
                            que no le pierda el respeto
                            mi amor a vuestra grandeza;
                            y así, para la ocasión
                            la guardo, que es indecencia
                            adelantar los favores
                            cuando es propia una belleza.)

Violante	Pero a no darla me fuerzan
obligaciones de noble;
que pues Carlos se la niega
a la Infanta, y es su esposa,
en tan amorosa guerra,
si él no la da, no la doy,
yo la diera, si él la diera.
Infanta	Infante, vos sois discreto.
Almirante	Vuecelencia es muy discreta.
Rey (Aparte.)	(¿No parece que mi hermano
niega lo mismo que aprueba,
y la Duquesa también,
lo propio que admite niega?
¡Ay de mí! que con mi acero
me estoy haciendo la ofensa.)
¿Queréis mucho a vuestra esposa,
Infante?
Carlos	Desta manera:
la esposa que más procura,
como es más vivo mi ardor,
siendo Infanta del amor
es reina de la hermosura.
Entré, miré su luz pura,
y aunque pudiera inconstante
variar en luz semejante,
como la vi tan hermosa,
a no haber de ser mi esposa,
muriera de ser su amante.
Celar me hizo y recelar
cuando la llegué a querer,

que quien no sabe temer
no sabe lo que es amar.
No hubo causa en que dudar
a su fe y a su entereza,
que aunque es tanta su pureza,
no admiré en estos recelos
que trae consigo los celos,
la que trajo la belleza.
Hoy la mano la he de dar,
mi palabra he de cumplir,
bien me puede no admitir
mas no la puedo olvidar;
permanente ha de durar
en el alma este blasón,
que como hirió esta pasión
al corazón inmortal,
ha de durar la señal
mientras viva el corazón.

Violante   Yo al que mi esposo ha de ser
y un alma pienso entregarle,
aunque no quisiera amarle,
por fuerza le he de querer.
La que es principal mujer
a uno solo ha de estimar,
ni ha de olvidar ni variar,
luego si yo soy quien soy,
y ya ha dos años le estoy
para siempre le he de amar.
Nace en el prado una flor
olorosa, pura y bella,
y aunque otras resultan della,
la primera es la mayor;
seca el estío su ardor,

	y aunque la marchita, advierte
que aun muerta fragancia vierte,
pero esotras flores no;
que la que tarde nació
llora primero su muerte.
Flor es este amor primero
que otras flores resucita;
flor, otro amor le marchita,
y éste se conserva entero;
primero nació, y infiero
que cuando la parca intente
cortar su rama eminente,
será su eclipse fatal,
que este amor es natural
y esotros son accidentes.
Rey	Bien encarecido está.
Infanta (Aparte.)	(Aquí la alabanza es cierta,
puesto que a mí no me importa,
que me quiera o no me quiera;
mas que el amor me ha inclinado,
me anima el son de la guerra,
no hay requiebro para mí,
como el son de la trompeta
que en el verdor de los años
tocan a fuego las venas;
para que yo me recoja
dé licencia vuestra Alteza.)
Almirante	Y para que yo acompañe
a mi esposa la Duquesa.
Violante	Mi padre está aquí, Almirante,

	cuando vuestra esposa sea,
	entonces recibiré
	por mayor esas finezas.

Almirante   Mi obediencia es vuestro gusto,
               esta noche en esta pieza
               ha de ser el desposorio,
               y así es bien que se prevengan
               las más limpias voluntades
               a la más decente ofrenda.

Carlos   A los cielos doy palabra
               y después a vuestra Alteza
               de desposarme esta noche.

Rey   ¿Con quién?

Carlos   Con mi Infanta bella.
(Aparte.)   (Si soy el Infante yo,
               no es Infanta la Duquesa?)

Violante (Aparte.)   (Yo la doy de dar la mano
               al instante que la ofrezca
               Carlos a su esposa amante.)

Rey (Aparte.) (Paciencia, cielos, paciencia.)
               Venid, señora, a otro cuarto.

Conde (Aparte.)   (¡Que esto escuche y que no muera!)

Marqués (Aparte.) (¡Que viva y sufra estos celos!)

Rey   Venid, Almirante.

Almirante	Apenas.
Infanta (Aparte.)	(¡Que aun no haya llegado y ya me desposen tan apriesa!)
Rey (Aparte.)	(Pero ardides tiene amor.)
Marqués (Aparte.)	(Amor sabe diligencias.)
Conde (Aparte.)	(No hay desdicha sin remedio.)
Almirante (Aparte.)	(Fortuna para tu rueda.)
Duque	Ven, hija.

(Vase.)

Rey	Infante, volved.

(Vase.)

Infanta	Déme mi valor prudencia.

(Vase.)

Violante	¿Qué dices desto, don Carlos?
Carlos	Que nuestros males empiezan.
Violante	¿Qué tan presto hayan venido?
Carlos	¿Cuándo la desdicha yerra?
Violante	¿Qué remedio?

Carlos	El empezado.
Violante	Casarnos, ¿de qué manera?
Carlos	Véndote luego a tu casa.
Violante	¿Pues en qué tiempo, si es fuerza, que nos llamen al instante?
Carlos	Antes que a llamarnos vengan.
Violante	En tu amor está mi vida.
Carlos	Y tu fe en mi diligencia.
Violante	Aquí la tardanza es riesgo.
Carlos	Sin riesgo amor no se acendra.
Violante	A gran peligro te pones.
Carlos	Sea el castigo mi cabeza.
Violante	Peligroso es el remedio.
Carlos	Como yo te goce, muera.
Violante	¿Y la Infanta?
Carlos	Amor la mate y celos la hagan la guerra.
Violante	¿En fin, ponemos dos vidas

	a un amor que nos gobierna?
Carlos	Morir de celos es rabia; pero de amor fortaleza.
Violante	Peligrar en los remedios es de los astros violencia.
Carlos	Peor fuera no haber remedio.
Violante	Y perderle peor fuera.
Carlos	Pues a los riesgos, Violante.
Violante	Pues Carlos, a sufrir penas.
Carlos	Ánimo para los males.
Violante	¿Cuándo en mí se vio flaqueza?
Carlos	Pues como yo sea tu esposo...
Violante	Como yo tu esposa sea...
Carlos	Vengan tormentos y males.
Violante	Vengan penas.
Carlos	Riesgos vengan.

(Vanse cada uno por su puerta.)

Fin de la primera jornada

Jornada segunda

(Sale Carlos.)

Carlos
¡Felice aquel que logra su esperanza,
dichoso aquel que lo que emprende alcanza;
y mil veces felice sea llamado
el que vive contento con su estado
sin aspirar al trono y la grandeza,
que el no envidiar es la mayor riqueza!
Mi esposa es ya Violante,
esposo la idolatro, adoro amante,
y con dulces despojos
nos bebemos las almas por los ojos;
que son vasos preciosos y estimados
donde brinda el amor sus convidados.
Hermosa está al gozarla y al quererla;
mas no más hay señal para perderla,
aunque está tan hermosa,
pues cortada del tálamo la rosa,
más fragante se mira,
ambares preciosísimos respira;
pero el olor que vierte,
es vivo parasismo de su muerte.
Ejemplo sea la luz al que la viere
que arde mayor cuando morirse quiere.
Y la luz y la rosa
con fuerza misteriosa
dicen su muerte y cantan sus amores,
una con llamas y otras con olores.
Un mes habrá que me casé en secreto,
la esperanza de amor llegó al efeto;
pero aqueste cuidado
ni aun de mi propio amigo lo he fiado.

El Almirante a la Duquesa pide,
y ya el Rey deteniéndolo lo impide,
o ya esta deslealtad se temple y dore,
amor me manda que a Violante adore,
y es Dios amor y el Rey un hombre humano.
Pues ¿quién ha de dejar necio o tirano,
aunque a su sangre falte y su renombre,
la obediencia de un Dios Por la de un hombre?
Hame enviado a llamar el Rey mi hermano,
yo, obediente y ufano
a sus preceptos valerosos llego,
errante mariposa de su fuego,
sin que recele sus temeridades,
que nadie tuvo imperio en voluntades.
Y el cielo hermoso con no ser yo mío
me dejó mi elección y mi albedrío,
y de su propio efecto bien se infiere
que yo puedo elegir lo que quisiere,
pues eligen las almas desiguales
vegetativas y aún irracionales.
El nativo cristal cuando allá dentro
va rompiendo las peñas por el centro
y por la misma breña se desata
rozando la salida hurón de plata,
apenas nace fuente,
cuando elige a su modo la corriente,
y por el prado a su albedrío cruza
haciendo cristalina escaramuza.
El árbol reverdece a su albedrío
y los frutos le paga al verde estío
que su esposa prestó la primavera.
Siega las flores la indomable fiera,
y a su diente señala las mejores,
y arbitran al nacer también las flores.

recatada la tórtola suave
elige de su especie hermosa el ave,
y aquel vapor que de la tierra sube
en la media región se torna nube;
y por ese elemento,
desatado en raudal, arbitra el viento.
Y a mí, porque lo quiere el hado impío
me falta la elección y el albedrío;
mas venció mi valor, mi fe lo cante;
mi hermano sale con el Almirante
en quien dura de amor la ardiente llama;
¿qué me querrá mi hermano, pues me llama?

(Salen el Rey y el Almirante.)

Almirante   Vuestra Majestad, señor,
perdone el atrevimiento,
y premie mi pensamiento
o me castigue el amor;
como mi fe penas labra
con qué herirme y injuriarme,
otra vez llego a ampararme,
señor, de vuestra palabra,
y primero he de acordar
(bien que en vos no he menester),
que en un Rey el prometer
es lo mismo que el obrar.
A la duquesa Violante
le pedí a vuestro favor,
y si no merecedor,
al menos llegaba amante.
Un mes ha que el alma mía
espera este dulce bien,
y un mes ha, señor, también,

            que os la pido cada día.
            En vuestra misma tardanza
            vive airada mi pasión:
            cerca de la posesión
            es tormento la esperanza.
            Y cuanto fino y constante
            digo mis discursos ciegos,
            respondéis con los despegos,
            castigáis con el semblante.
            Ved que es de mi fama mengua
            y no honor de mis blasones,
            que me habléis con las acciones
            lo que podéis con la lengua,
            y que castigo será,
            si es que llego a merecerla,
            no dármela y prometerla.

Rey   Ya os entiendo, bien está.

Almirante   Vos me nombrasteis, señor,
            esposo de la Duquesa;
            y así, de vuestra promesa
            se fue empeñando mi amor.
            A vuestro reino he venido
            con la Infanta, mi señora,
            y vuestra Alteza no ignora...

Rey   Digo, que ya os he entendido.

Almirante   Ya que se eclipsa mi fe,
            y mi empleo dilatáis,
            ya, pues, que me castigáis,
            ¿no podré saber por qué?
            Y si no es castigo, ¿ignora

            el alma por qué habrá sido,
            negarme lo prometido?

Rey   No os quiero casar ahora.

Almirante   Señor, prometer un rey
            y en la promesa dudar...

Rey   Yo bien puedo derogar
            lo mismo que doy por ley.
            Pero antes, con este intento,
            os doy el premio mejor,
            que quien dilata el favor
            añade el merecimiento.

Almirante   Luego aunque me suspendéis
            el premio en esta mudanza
            ¿podré tener la esperanza
            de merecerla?

Rey   Podéis.

Almirante   Ya yo alcanzo que podré
            desta ventura aspirar;
            mas si después de esperar,
            ¿será mi esposa?

Rey   No sé.

Almirante   Déme vuestra Majestad
            licencia para partirme,
            que antes quiero que confirme
            mi obediencia, mi lealtad.
(*Aparte.*)   (Si el Rey piensa que me voy,

	mejor mi intento se allana.)
Rey	¿Cuándo os habéis de ir?
Almirante	Mañana.
Rey	Pues, Almirante, idos hoy.
Almirante (Aparte.)	(¡Que esto mi desdicha aguarde!)
Carlos (Aparte.)	(Aquí mi fortuna empieza.)
Almirante	Guarde el cielo a vuestra Alteza.

(Vase.)

Rey
(Aparte.)
Almirante, Dios os guarde,
(Parezca o no sinrazón
derogar ley tan debida,
antes ha de ser mi vida
que cumplir con su pasión.
Y entre mis afectos hallo
que es también injusta ley
que venga a morir un rey
de lo que vive un vasallo.
Más pesa aquesta razón
en una y otra balanza,
porque viva mi esperanza
dilato la posesión.
Y también es recompensa
del Almirante el rigor,
porque hacerle este favor
viene a ser hacerle ofensa.
El Rey, a quien la razón

	sirve de sabio ejercicio,
	cuando hace algún beneficio,
	le ha de hacer sin intención.
	Si yo le caso con ella,
	si me quiero refrenar,
	no he de poder moderar
	los impulsos de mi estrella.
	Luego si imposible es
	templar penas semejantes,
	quitársela quiero antes
	y no ofenderle después.)
Carlos (Aparte.)	(Fuese el Almirante airado,
	y ahora mi dicha empieza.)
	¿Me envió a llamar vuestra Alteza?
Rey	Sí, Carlos, yo os he llamado.
Carlos	¿Qué es lo que quiere mandarme?
Rey	Mirad si alguien nos escucha.
(Aparte.)	(¡Grave dolor, pena mucha!)
Carlos (Aparte.)	(El Rey me habla sin mirarme;
	¿si el Rey mi amor entendió?)
	Obedezco a vuestra Alteza.
	¿Quién ha entrado en esta pieza?
	¿Quién sale a esta cuadra?

(Al mirar al paño sale la Infanta.)

Infanta	Yo.
Rey	Señora, ¿qué me mandáis?

Infanta	Pediros, gran señor, quiero...
Rey	A que me ordenéis espero.
Infanta	Pido que a solas me oigáis.
Rey	Idos allá fuera vos.
Carlos	Haré lo que me mandáis.
Rey	Mirad, Carlos, ¿qué no os vais? Ya estamos solos los dos.
Infanta	Generoso Sigismundo, cuyo renombre loable se ha de esculpir en los bronces de los futuros anales; así en el Norte y el Sur teman el son de tus parches, así de sangre enemiga equivoques los dos mares, que te prevengas atento a mis ansias y pesares, y hagas a un tiempo dos cosas con vencerte y escucharme. Desde que contra Eduardo, rey de Sicilia, mi padre, por mi hermana la Princesa anegaste el campo en sangre; desde que las conveniencias vencieron enemistades, que son peores enemigos los que eran amigos antes;

desde que venciste, en fin,
tanto, señor, te trocaste,
(mas siempre los vencimientos
divierten los naturales)
que al buscarte justiciero,
te percibo tan mudable
que ni abrazas lo que intentas
ni no lo que aseguras haces.
Con mi hermana la Princesa
dices que quieres casarte,
y a mí, para que lo llore,
con don Carlos el Infante.
A obedecerle dispuesta,
Al viento encargué seis naves
mi descanso a mis suspiros,
y a mis lágrimas mis males;
forzada mi voluntad,
llegaba solo a obligarte,
disimulada en la pena
y en el peligro constante.
El mismo día que vine
mi esposo le señalaste,
y a Violante, la Duquesa
ofreciste al Almirante.
Esta fuerza de mi amor
mi padre quiere que pase;
mas no he de sufrir por Dios
en tu tardanza mi ultraje.
Alargarme aquesta muerte
es crueldad sobre desaire,
que en el vulgo las tardanzas
son desméritos infames.
Un mes ha que en este reino
contra mi propio dictamen

te pido que me desposes
o te pido que me mates.
Yo confieso que aborrezco
a tu hermano, no te espantes,
que antes que a Venus divina
tuve inclinación a Marte.
Mas como soy el objeto
de tantas lenguas neutrales,
como llega a ser desprecio
que a la conveniencia faltes,
en tocando al pundonor
en mujeres de mis partes,
es lo que menos me inclina
aquello que más me aplaude.
Tú, airado, hablándome siempre
con la lengua del semblante
(que es voz con que usan los reyes
de lo severo y afable)
no acordando tus promesas
riguroso y inconstante,
ni con mi hermana te casas
ni a mí quieres desposarme.
Si porque a mi Rey venciste
En dos batallas campales
le fías a la fortuna
lo que a mi honor le negaste
no confíes en su curso
poco seguro y instable,
que es un reloj la fortuna
a quien los astros variables
que son soles de las dichas,
hacen que apunte o señale
a diferentes objetos;
por sus causas naturales

al nacer el Sol hermoso,
las sombras vence triunfante,
y en bóvedas de cristal
le sepultan a la tarde.
Clicie, reina de las flores
gigante a los campos nace,
y al impensado granizo
se desvanece cadáver.
El mar cristalino monstruo,
mengua y crece por instantes,
ya bruñe las altas peñas
y ya las arenas lame.
Los cielos con ser los cielos
mudan su curso inviolable,
y hay quien dice que la tierra
se mueve incierta y errante.
¿Pues qué será la fortuna
ea, señor, no te ufane
el poder ni el vencimiento,
cumple tus palabras reales,
depón el cetro a mis voces,
alivia el peso a mis males,
y quepa en tu cortesía
lo que en tu rigor no cabe;
no des mi opinión al vulgo
a que la borre o la manche,
que es monstruo que se alimenta
de la opinión y la sangre.
Cásate con la Princesa,
da al Almirante a Violante,
entrégame el dueño mío,
aunque le aborrezco sabes.
Muévate el verme extranjera
dispuesta solo a agradarte,

y es obrar en los remedios
de corazones cobardes.
Si no te obliga mi amor,
mi mucha razón te ablande,
salgan libres tus afectos,
del pecho que fue su cárcel.
No irrites la buena dicha,
mejor será que la halagues,
que como amiga del bien
se paga de las piedades.
Y, en fin, cumplirás a un tiempo
con mi padre en desposarme,
con mi hermana en admitirla,
con Nápoles en casarte,
y yo para nuevo ejemplo
en tantas adversidades,
siendo la menos contenta,
seré la que más te aclame.
Mi padre siendo el vencido
saldrá a Sicilia triunfante,
con mérito el vencimiento
y la razón con esmaltes.
Pero si no compasivo
indecente profanares
ingratamente arrojado
el templo de honor más grave,
echando el pecho a los riesgos
me he de arrojar a esos mares
para que piadosos más
a mi reino me trasladen;
donde prometo a los cielos
de empuñar el corvo alfanje,
y embarazando la rodela,
leona de más coraje,

resucitaré a bramidos
los propios que tú mataste.
Yo, amazona valerosa
los corazones leales
de tanto soldado mío
inficionaré a vengarme;
el Etna haré que vomite
nuevas llamas materiales
porque en favor de su rey
tus ejércitos abrasen.
Murallas pretendo hacer
de esos soberbios puntales
que sustentan o detienen
esa máquina diamante.
Sangre ha de correr el campo,
porque las flores se empapen,
y regados del humor
de los humanos corales
las plantas vegetativas
serán plantas racionales;
arderá el campo en venganzas,
de la crueldad haré alarde,
irritáreme del riesgo.
y haré blasón del ultraje.
Vuestra majestad, señor,
disculpe yerros tan graves;
soy mujer, precipiteme;
ya lo dije, perdonadme.

(Vase.)

Rey   Si a mi hermano caso ahora
con la Infanta, es obligarme
a hacer a un tiempo también

la boda del Almirante.
Casar la Duquesa es muerte;
no casar la Infanta, ultraje;
dejar la princesa, yerro;
rigor, faltar a su padre.
Y entre tantos daños hidras
que unos de los otros nacen,
he de anteponer mi amor,
falten mis decretos, falten,
que donde no reina el gusto,
los intereses, ¿qué valen?
Quiera yo a Violante, rey,
y estas bodas se dilaten.
El silencio sea la lengua
que los venza y los ataje,
que hoy para su ardiente empresa,
de mi hermano he de ayudarme.
¿De quién me podré fiar,
si no es de mi propia sangre,
que por diferentes venas
de una misma especie arde?
Yo le llamo, él es mi hermano
dese el remedio a mis males,
el alivio a mis desdichas
y mi cuidado a los aires.
Decirle quiero mi amor,
que un rey ha de confiarse
solamente de sí propio
o de quien su sangre iguale.
Yo le llamo, obre el valor;
yo le digo, el fuego baste,
yo la adoro, ella lo sepa;
hermano Carlos, Infante.

(Sale Carlos.)

Carlos   Señor, ¿qué es lo que me mandas?
(Aparte.)   (El que el remedio buscare
para atajar los rigores
contra las adversidades,
cúrese con los peligros
víctimas tan saludables
que el mismo riesgo que tengo
es lo mismo que me vale;
la Infanta mi mano pide;
más riguroso y amante
el Almirante a su esposa,
y solo aquí son bastantes
para el remedio que tengo
mis propias dificultades.
¿A cuál habrá sucedido,
oh cuidados inmortales,
que le pidan a su esposa
y que él lo escuche y lo calle?)

Rey   ¿Sabéis, Carlos, que soy rey?

Carlos   Bien el África lo sabe.
(Aparte.)   (Parece que airado me habla.)

Rey   ¿Y cabe en las majestades
ofensa alguna, y que sepa
si busca el medio?

Carlos   No cabe.
(Aparte.)   (Parece que habla conmigo.)

Rey   Luego si yo os declarare

| | que tengo un grande enemigo
que me ofenda y que me ultraje,
y es tan bueno como yo,
¿será razón remediarme? |
|---|---|
| Carlos | ¿Enemigo, y que es tan bueno
como tu Alteza, señales?
Mucho decís. (Ap. Si ha entendido
que soy dueño de Violante...) |
| Rey | Luego os diré el enemigo,
porque ahora es importante
que me habléis una verdad. |
| Carlos | En vos han de ser verdades
por precepto las razones. |
| Rey (Aparte.) | (¿Qué recelo en declararme?) |
| Carlos (Aparte.) | (¿Quién puede haberle contado
este amor que en mí renace?) |
| Rey | Con Violante; la duquesa,
he sabido... |
| Carlos (Aparte.) | (¡Ah, qué pesares!) |
| Rey | Que vos... |
| Carlos (Aparte.) | Señor, es verdad
(Ello es fuerza confesarlo
mi delito si fue culpa.) |
| Rey | No vuestra razón me ataje |

	para una facilidad
	lo que hay de dificultades.
Carlos	Yo confieso...
Rey	Ya yo sé
	que estáis siempre con Violante,
	y pues que la veis...
Carlos	Señor...
Rey	Por amigo de su padre,
	y sois mi mayor amigo
	por ser una propia sangre,
	prevenidme la atención,
	a mis palabras, Infante,
	y obedeced lo que os digo.
Carlos (Aparte.)	(Salí del riesgo.)
Rey	Escuchadme.
Carlos (Aparte.)	(No hay fiscal como la culpa,
	cuando es un delito grande,
	he aquí que yo propio a mí
	me vi a pique de culparme;
	y no me admiro que, en fin,
	siempre las palabras salen
	a propósito del mal
	cuando es el yerro culpable.)
Rey	El enemigo que tengo
	que me ofenda y que me agravie,
	que es tan bueno como yo,

es un amor que en mí arde:
quien le causa y quien le enciende
es la duquesa Violante,
quien ha de decir mis penas
sois vos, porque en casos tales
a los excesos de un rey
ha de ser medio un Infante.
La confrontación del alma
también en los reyes cabe,
que como mortales son
viven también inconstantes;
mi amor dije a la Duquesa;
no en palabras, en señales,
y por castigarle más,
si lo ha entendido, ignorante,
no quiso, no, la Duquesa,
ni admitirle ni estimarle,
que el exceso del imperio
reprime las voluntades.
En fin, si no es de mi hermano
de nadie quiero fiarme;
no me falte a mi decoro
ya que a mi grandeza falte;
vos sabéis y sois discreto.

Carlos (Aparte.) (Yo quiero ya declararme.)

Rey Yo la adoro, y no me estima.

Carlos Mirad...

Rey No hay que replicarme,
que adonde es la culpa amor,
llegan los remedios tarde.

	Solicitadla a mis ruegos,
	procurad que ese diamante,
	que esa roca se enternezca,
	que ese peñasco se ablande;
	en vos consiste mi vida;
	a mis ansias inmortales
	dadles alivio, don Carlos,
	y dadles mate suaves.

Carlos   Señor, ella esta casada.

Rey   Ya entretengo al Almirante;
                 mi amor, Carlos, es primero.

Carlos   Pues advierte, señor, antes,
                 que ya es mi esposa...

Rey   La Infanta.

Carlos (Aparte.) (¡Que deste modo me ataje!)

Rey   Haced esto que os he dicho
                 sin que el miedo os embarace;
                 más hago yo siendo rey,
                 aunque solo con vos hable,
                 en deciros mis afectos
                 por extraños desiguales,
                 que vos, aunque le pidáis
                 que los premie o que los pague;
                 y puesto que hago lo más,
                 haced lo menos, Infante.

Carlos (Aparte.) (Otro peligro mayor
                 a otro remedio renace;

Pero el remedio es bajeza,
cuando es el delito infame.
¿Quién dijera que mi hermano,
y un Rey de tan altas partes
me encargue solicite
mi propia esposa y su amante,
y que yo esté en tal estado
que escuche, que admire y calle,
que me dañen los secretos
y el obedecerle dañe?
Si le digo que es mi esposa
hay dos ofensas iguales;
pues lo ha de sentir el Rey
por sí y por el Almirante.
Y si no obedezco ahora
lo que ordena, es engañarle;
pues decir que se lo he dicho,
no es bien, aunque es medio fácil;
consolarme con mi esposa
en riesgos tan incurables,
es declararme celoso:
ser celoso, es injuriarme.
Irme con ella a otros reinos
o a la corona de Flandes,
es venir a ser traición
lo que es amor en mi sangre;
pues ¿qué remedio o cuidados,
puede ser aquel que cargue
en la balanza contraria
que al peso del daño iguale?
A mi esposa quieren dos,
a mí pretenden casarme;
lo primero es un tormento,
y lo segundo es desaire;

pues dese solo un arbitrio
a tantas dificultades.
Mi esposa sepa de mí
lo que por indicios sabe;
ella y yo somos dos almas
en un cuerpo inseparables;
lo que ordenare la una,
es fuerza que la otra abrace;
ella está con desahogo
y yo con ansias mortales;
mejor sabe dar consejos
quien siente menos los males;
a verla voy y a decirla,
o las palabras me falten,
que a tan valientes cuidados,
eran mis voces cobardes,
que el áspid que hacerlo puede
es un engañoso áspid
que me ha pagado el abrigo
en ponzoñosas crueldades;
concluyente mis impulsos
en este primer certamen,
donde lleve el premio amor
entre opositores males.
Mi nave al golfo mayor
suelte el ligado velamen,
y de mi esposa en el puerto
surta en sus ojos descanse.
El oro, pues, de mi fe
o se acendre o se quilate
en su pecho, que es adonde
se acrisolan voluntades.
Porque este tormento muera,
porque esta fortuna acabe,

porque este hielo se encienda,
porque esta llama se apague;
que aunque es verdad que hay peligro
en medios tan naturales,
Peligrar en los remedios
es el remedio más grande.)

(Sale Bofetón asiendo a Celia, y ella con una luz.)

Celia	¿Dónde, hermano Bofetón vamos con priesa tan grande?
Bofetón	Ande, Celia, hermana, ande.
Celia	¿Qué me quiere en conclusión? ¿Para qué ahora me llama con tan extraños extremos?
Bofetón	Tráigola a que murmuremos.
Celia	¿De quién, diga?
Bofetón	De nuestra ama.
Celia	Pasito, y con más agrado.
Bofetón	No la pretendo dejar.
Celia	¿Ello no es a murmurar?
Bofetón	Sí.
Celia	Pues yo iré de mi grado.

Bofetón	A este exceso me provoca,
	y el traerlo así arrastrando,
	que me deja en murmurando,
	con el murmur en la boca.
	Y ahora me ha de escuchar
	o que quiera o que no quiera.
Celia	Pues vaya a medias siquiera.
Bofetón	Vaya.
Celia	Va de murmurar;
	todo el corazón me llama
	a murmurar sin recelo.
Bofetón	Dime, así te guarde el cielo,
	¿no es gran figura nuestra ama?
Celia	Figura la estoy pensando,
	retirada en su clausura,
	y Jeremías figura
	toda la vida llorando.
Bofetón	Gran tecla tocas ahora;
	solo quisiera saber
	¿Qué le falta a esta mujer
	que toda la vida llora?
Celia	Tanta lágrima me enfada;
	ni lo alcanzo ni lo entiendo;
	pero, o me engaño o voy viendo…
Bofetón	Que está acaso enamorada.

Celia	No; pero dime, ¿qué aguarda
este Infante, a quien serviste,
pues tan continuo le asiste
que es ya su cuerpo de guarda?
Bofetón	Él trae muy gentil modorra,
pues si atento lo averiguo,
enamora al tiempo antiguo
con calzas, con capa y gorra.
Sin más ni más se estará
toda una noche, aunque espire,
Diciendo ¿vis aperire?
Aunque ella diga efeta.
Celia	Otra razón me despierta
cuando esa sospecha dejo,
y es, que en durmiéndose el viejo,
se bajan a abrir la puerta
apenas el rubio coche...
Bofetón	Así, que aun no te he contado,
lo que, estando ya acostado,
me sucedió la otra noche:
el Duque, que es de Violante
el padre y el consejero,
mandó muy seco y severo
que pasasen al instante
la cama de la Duquesa
a otro cuarto junto al suyo,
y que fue sospecha arguyo
o fue malicia profesa.
Yo que vi un cuarto vacío,
saliéndome de mi ochavo
a Dios bendigo y alabo

                y dígole ¡cuarto mío!
                Y remudo en conclusión,
                en unos cordeles malos
                mi cama de cuatro palos
                mi colchón y mi jergón,
                donde la Duquesa estaba
                que es cuarto de cumplimiento;
                pues ahora entra mi cuento.

Celia   Ea, Bofetón, acaba.

Bofetón   Mato la luz, y empecé,
                sueño en popa, juro a Dios;
                y he aquí, a más de las dos,
                me siento tentar un pié.
                Y viendo aqueste embarazo,
                y oyendo cierto suspiro,
                he aquí que yo le retiro
                y él prosigue con el brazo.
                ¿Quién es (le dije muy quedo),
                quién entra en mi cuarto ahora?
                «El Infante soy, señora,»
                dijo, «¿de qué tenéis miedo?
                vuestro esclavo soy, señora,
                el que os estima constante,
                el que os venera hoy amante
                y el que temeroso os llora.»
                Yo que le oí disparar
                con prosa tan nueva y loca,
                ¿Qué hago? Callo mi boca,
                y déjome requebrar.
                Él un amor, yo otro amor,
                con una y otra dulzura,
                yo un ¡ay! otro en conjetura,

con uno y otro temor,
recelando unos azotes
para conservar mis miedos,
me planta los cinco dedos
y topa con mis bigotes;
saca la hoja airado y fiero
y el errado brazo inclina,
y dame una disciplina
de canelones de acero
con fuerza y enojos tales,
que todo el espurgatorio
me lo trocó en consistorio
de muy graves cardenales.
O ya por mudarme sea,
o por callar por mi mal,
todo el cuarto principal
se me trocó en azotea.

Celia   Dejemos aquesos cuentos,
y vamos al caso ya;
¿cuántos galantes tendrá
nuestra ama? Dilo.

Bofetón   Ducientos.
Alberto, el marqués privado
del rey, la persigue amante;
Federico, más constante
padece de enamorado;
pero el Marqués me dio a mi
cien escudos y un diamante,
y en el cuarto de Violante
esta noche le escondí.
Y aunque hay grande riesgo ahora
en lo que tengo trazado,

	yo cumplí con ser criado,
	cumpla ella con ser señora.
Celia (Aparte.)	(Mil escudos me promete,
	tanto el amor le sujeta,
	porque esta noche le meta
	de mi ama en el retrete,
	Federico, que la adora,
	y esperándome ha de estar,
	y si éste se va a acostar,
	le pienso meter ahora.)
Bofetón (Aparte.)	(El marqués Roberto es
	galantísimo señor,
	con mi ama soy traidor,
	pero es mucho el interés.
	Ya está dentro, ello ha de ser,
	y pues que le satisfice,
	y yo sé lo que me hice,
	él mire lo que ha de hacer.
	Si ésta no se va a acostar,
	sin que le valga disculpa,
	le han de echar toda la culpa;
	yo me quiero retirar.)
Celia	¿Te quieres ya recoger?
Bofetón	Ya es hora.
Celia	Buena ocasión.
(Aparte.)	(No lo sabrá Bofetón.)
Bofetón (Aparte.)	(Celia no lo ha de saber.)

Celia	Bien se ordena.
Bofetón (Aparte.)	Bueno va. (Criado soy, voy a mi centro, ya tengo el pájaro dentro.)
Celia (Aparte.)	(Ya Federico entrará.)
Bofetón	Celia, veámonos los dos.
Celia	Pues vete, no me importunes.
Bofetón (Aparte.)	(Llevará con la del lunes.) Adiós, Celia.
Celia	Adiós.
Bofetón	Adiós.

(Vase.)

Celia	Aquí ha de estar aguardando, llegar, y llamarle quiero; ¿es Federico? ¿Sois vos?

(Sale el Conde.)

Conde	Y el que en el mar de mi fuego busca el puerto del descanso, derrotado pasajero.
Celia	Pues seguidme poco a poco y caminad tan atento que el amor ponga los ojos

	y los pasos ponga el miedo. Venid tras mí.
Conde	Ya te sigo.
(Sale Carlos.)	
Carlos	¿Qué es aquesto, caballero?
Celia (Aparte.)	(El Infante, ¡qué desdicha! Huir y dejarle quiero.)
(Vase.)	
Conde (Aparte.)	(Vive el cielo que es mi amigo, el que arrojado y resuelto con la voz y con su ira estorba mi amor a un tiempo; embozarme es importante.)
Carlos	¿Cómo, sacrílego y necio, profanáis de la nobleza el más venerado templo? Por esa calle pasaba (disculparme es lo primero) y viendo que en esta casa entraba un hombre resuelto, quise saber de sus pasos el mal desmentido afecto.
Conde (Aparte.)	(Si le respondo, en la voz ha de conocerme luego: decirle mi intento es daño, engañar mi amigo es yerro;

	la industria me valga ahora.)
Carlos	¿Con la lengua del acero, no respondéis? ¿Desa suerte la luz matáis?
Conde (Aparte.)	(Bien se ha hecho.)
Carlos	Para el valor no hay industria; deste modo, vive el cielo, puesto que eres tan cobarde, darte la muerte pretendo.

(Vaya buscando la puerta el Conde.)

Conde (Aparte.)	(¡Oh si encontrase la puerta de la calle! Pues con esto, con el Infante y conmigo he cumplido al mismo tiempo.)

(Cáesele la capa junto a la puerta de la calle.)

> La capa me se ha caído.

(Tire estocadas y cuchilladas el Infante.)

> No es conocida; no quiero
> gastar el tiempo en buscarla;
> que esta la puerta sospecho
> de la calle; yo me voy;
> no es ser cobarde ser cuerdo.

(Éntrese el Conde por el cuarto de Violante.)

Carlos	¿Criados de la Duquesa, no hay una luz? Vive el cielo, que ha de morir a mis manos.

(Sale Bofetón, con luz.)

Bofetón	¿Curas aquí?
Carlos	Peor es esto. El hombre con quien reñía se salió a la calle huyendo, y al salir dejó la capa; seguirle los pasos quiero; dame esa luz.
Bofetón	Tómala.
Carlos	Vete fuera.
Bofetón	Me convengo.

(Vase.)

Carlos	Hombre que mi fuego burlas,
(Saca la espada.)	prepárate a mis incendios, que van a un tiempo tras ti mis enojos y mis celos.

(Vase Carlos por la puerta de la calle.)

(Sale Violante, medio desnuda, retirándose del Marqués.)

Violante	Hombre o bulto, que a estas horas, guardado de tu silencio

                de la sombra te aprovechas
                para ejecutar tu fuego,
                ¿adónde, mal advertido,
                gobiernas tu errado pecho,
                que tomas para las glorias
                la oscuridad por acierto?
                ¿Quién te condujo a mi cuarto?
                Habla y dime tus intentos.
                Y si al lenguaje del alma
                te desmientes extranjero,
                para hacer mayor tu culpa
                pronuncia siquiera el yerro.
                ¿Quién te ha traído?

Marqués   El amor.

Violante   ¿Criados?

Marqués   Habla más quedo.

Violante   Daré voces.

Marqués   Son en balde.

Violante   Matarete.

Marqués   Ya lo has hecho.

Violante   Puesto que a escuras estamos
                      apartarme ahora quiero.

(Sale el Conde.)

Conde (Aparte.)   (Por ir huyendo a la calle

	erré la puerta, y sospecho,
	que en lugar de errar los pasos,
	encontré con los aciertos.)
Violante	¿No hay quien mate a este traidor?
Marqués	Es muy valiente mi afecto.
Conde (Aparte.)	(Esta es voz de la Duquesa.)
Marqués	A tan contínuos desprecios,
	yo propio me he de tomar
	la satisfacción que debo.
Violante	¿Que no habrá quien me socorra?
Conde (Aparte.)	(Que no fuera caballero,
	si no acudo a esta ocasión.)
Marqués	Si te defendiera el cielo...
Conde	Yo te sabré defender.
Marqués	Fantástica sombra o cuerpo
	que en el lazo de tus iras
	prendiste mi errado vuelo,
	¿quién eres?
Conde (Aparte.)	(Desta manera
	asegurarle pretendo,
	y sin que puedan obrar
	ni sus iras ni su acero,
	hasta que libre la vea
	la aseguraré.)

(Luche con el Marqués, y caeselo la capa.)

Marqués ¡Oh tormento! Suéltame.

Conde No he de soltarte.

Violante ¡Hola, Silvio, Flora Celia!
Que se arde mi honor en iras.
¡Luces, hola!

(Sale Carlos, y la capa en el brazo.)

Carlos ¿Qué es aquesto?

Violante ¡Esposo, señor, Infante!
(Aparte.) (Llamele esposo. ¡Qué yerro!)

Conde (Aparte.) (Al Infante llamó esposo,
y él otra vez más resuelto,
con la venganza en la espada
y el valor en el deseo
me viene a buscar ahora
y ahora el marqués Alberto.)

Marqués (Aparte.) (¿Federico aquí indignado?
¿El Infante aquí suspenso?
¿Violante le llama esposo?
Ni me alcanzo ni me entiendo;
dareles satisfacción.)

Conde (Aparte.) (Mas satisfacerle espero.)

Carlos	Fantásticos cuerpos mudos,
	enigmas de puro hielo,
	estatuas vuestras las dos,
	las dos sombras de otros cuerpos,
	¿quién a esta sala os condujo
	a turbar el claro cielo,
	donde los rayos de honor
	opuestos al Sol lucieron?
	¿Y tú, Violante...?
Violante	Detente.
	Fija la voz en el pecho,
	y préstame la atención
	para obligarte al suceso.
	Yo que en esta cuadra estaba
	por ser tan tarde, queriendo
	para la futura muerte
	hacer ensayo en el sueño.
	Apenas medio desnuda
	corrí la cortina al velo,
	que es para quien menos siente
	campana de pensamientos,
	cuando un hombre destos dos,
	bárbaro, atrevido y necio,
	matando a un tiempo dos luces
	a la de mi honor opuesto,
	con palabras y con obras
	profanó a mí fama el templo.
	Retírome, y él me sigue;
	doy voces, y a nadie veo;
	repítolas, y es el aire;
	prosigo, y quieren los cielos
	que un hombre con él se abrace,
	y que le detenga al tiempo

que con la espada y la luz
saliste airado y soberbio.
De los dos que ves delante,
al uno mi honor le debo,
al otro debo mi agravio,
a uno mi fama confieso,
uno es dueño de mis iras
y otro de mi vida es dueño.
Pero como a escuras fue,
asegurarte no puedo
a cuál pague mis injurias
o a cuál le pague el suceso,
y así.

Marqués   Detente, señora
yo que por este aposento
con un recado del Rey
buscar tu padre pretendo,
oigo voces, llégome,
a tu piedad me enternezco,
detengo al que solicita
la terneza en tus despegos,
y abrazándome con él,
airadamente violento,
su engaño pongo en mis lazos
y tu venganza en mi esfuerzo
y al tiempo...

Conde   El que socorrió
a Violante fui yo mesmo,
quien le detuvo es mi ira,
quien le sujetó mi aliento.
Vuestro amigo soy, Infante,
harto os he dicho con esto,

| | con mi amistad os respondo, |
| | que es mi mejor argumento. |

Marqués   Yo soy segundo en Italia
           y soy del Infante deudo,
           y más amigo que vos...

Conde   Aunque...

Carlos   Esperad, deteneos:
(Aparte.) (Federico es tan amigo,
           que como amigo le creo,
           al Marqués, como a persona
           a quien se debe respeto;
           pues ¿cuál será de los dos
           de aquesta traición el dueño?
           Pero yo lo alcanzaré,
           yo con un hombre cubierto
           reñí en la sala de afuera,
           y ya industrioso o soberbio,
           dejándome allí su capa
           se volvió a entrar acá dentro.
           Luego aquel que de los dos
           tenga puesto el ferreruelo,
           será quien la socorrió,
(Vuelve.) y el otro quien hizo el yerro.
           Quiero ver cuál trae la capa.

(Vuelve la cara, y halla que la capa está en el suelo.)

           Más dudas nacen de nuevo,
           una sola capa miro,
           y esa la miro en el suelo;
           pero deste modo...)

Duque (Dentro.) ¡Hola!
¿Cómo no hay luces? ¿Qué es esto?
¡Hola, criados!

Carlos Por Dios,
que el duque Conrado pienso
que ha de entrar en esta cuadra.

Conde Pues ¿qué hemos de hacer?

Violante Supuesto
que hay dos puertas a la calle,
por ellas podéis a un tiempo
saliros los dos ahora.

Conde Lo que mandáis obedezco.

Marqués Tomo mi capa.

Conde Ésta es mía.

(Tómenla los dos.)

Carlos ¿Agora paráis en eso?
Tomad esa capa vos.

Conde O me voy.

Marqués Guárdeos el cielo.

Conde (Aparte.) (Daré la muerte al Marqués.)

(Vase.)

Marqués (Aparte.)	(Vengar mi agravio pretendo.)
(Vase.)	
Carlos	Entrambos dicen que es suya mas yo sus dudas advierto.
(Sale el Duque.)	
Duque	¿Señor Infante? ¿Violante? ¿Vos todo el rostro de hielo, y vos tan tarde en mi casa? ¿Los dos a un tiempo suspensos? ¿Qué es esto?¿Qué ha sucedido?
Violante	No lo sé.
Duque	Ni yo lo entiendo, Hija, ¿qué es esto?
Violante	Una pena.
Duque	¿Qué es esto, Infante?
Carlos	Un tormento.
Duque	¿Cómo en mi casa a estas horas?
Carlos	Señor, hay muchos misterios.
Duque	¿Y tú cómo, di, te abriste?
Violante	No tiene voces mi aliento.

Duque	Decidme.
Carlos	No puede ser.
Duque	Declaradme.
Violante	No podemos.
Duque	Mirad, que dais a entender...
Violante	Ya está cometido el yerro.
Duque	¿Yerro contra el honor mío?
Carlos	Por él es este suceso.
Duque	Pues ¿quién...?
Carlos	Yo sabré vengarle,
Duque	¿Pues a vos qué os toca desto?
Carlos	Vuestro honor, Duque, es mi honor.
Duque	No os alcanzo ni os entiendo.
Carlos	Tiempo habrá en que lo sepáis.
Duque	No me tengáis tan suspenso.
Violante	Carlos, señor, te dirá...
Duque	¿Dónde vas?

Carlos	Vengarme espero.
Duque	¿Qué intentas?
Carlos	Llorar mis penas.
Duque	Enigmas, matadme presto.
Carlos	Está embotado el dolor.
Violante	No tiene mi pena aceros.
Duque	Pues idos.
Los dos	Ya te dejamos.
Duque	¿No os vais?
Los dos	Ya te obedecemos.
Carlos	Mis celos venguen mi brazo.
Violante	Mi inocencia libre el cielo.
Duque	Cuidados, dejadme ya, o dadme la muerte a un tiempo.

Fin de la segunda jornada

Jornada tercera

(Salen con luz Violante, con sombrero, y Bohemio, Silvia, criada, Carlos y Bofetón.)

Bofetón	Ya hemos llegado a tu quinta,
	donde deste modo vamos
	con una luz encubierta
	siendo ya de día claro.
Carlos	Dame esa luz, Bofetón.
Bofetón	Estas dos ventanas abro.

(Hace que va abrir.)

Carlos	No abras.
Bofetón	Pues ¿qué te importa?
Carlos	No me repliques.
Bofetón	No abro.
Carlos	No quiero que nadie sepa
	que hoy a mi quinta he llegado,
	y si ven que están abiertas
	estas ventanas al campo,
	como de ordinario están
	cerradas, es caso llano
	que han de echar de ver que estoy
	en mi quinta retirado.
Bofetón	¿Qué es lo que intentas hacer?

(Aparte.)	No lo entiendo ni lo alcanzo; (Celos andan por aquí, mi amo se ha declarado.)
Carlos	Enciende aquella bujía.
Bofetón	Que me place.
(Enciéndela.)	
Carlos	No hables alto, porque cae este postigo a esotra quinta del lado, donde la señora Infanta, retirada de palacio, llora desaires de honor por penas o por agravios.
Bofetón	¿Qué, aquí se vino la Infanta?
Carlos	Habla quedo, aquí hay recado de escribir. (Ap. Yo determino lo que tengo imaginado.) Dos papeles de mi letra pienso escribir disfrazados: para Federico el uno, y otro al Marqués, su contrario el que a Federico escribo pienso remitir firmado del Marqués, y el del Marqués de Federico, y entrambos han de ser de desafío; hoy se verán sus engaños, con el intento que sigo

fácilmente averiguado.

(Siéntase a escribir.)

(Celia y Violante a otra puerta.)

Violante	Celia, sí, mi esposo es, y anoche, oh Dios, en mi cuarto... Pero se apaga la voz entre la lengua y el labio.
Celia	Ya sé yo lo que pasó.
Violante	Pues prosigo con el caso de parte del Rey vinieron esta mañana a mi cuarto a preguntar por mi padre dos criados de Palacio; levantose de la cama, y gimiendo y suspirando, dándome quejas por señas, intérpretes del agravio, fue a Palacio a hablar al Rey; mi esposo el Infante en tanto sube a mi cuarto furioso, háceme vestir airado, llama a Bofetón entonces, y yo, turbada, te llamo: tiene un coche prevenido, entramos en él los cuatro, y hemos venido a su quinta. Si me mira, es tan turbado que les desconozco el rostro, y es que como está pensando

	que hay ofensas en su honor,
	camaleón disfrazado,
	el semblante de sus iras
	viste el color de su agravio.
Bofetón (Aparte.)	(Una cosa he presumido
	que me ha puesto gran cuidado.
	estos papeles que escribe
	yo soy quien ha de llevarlos;
	¿mas que está escribiendo en ellos
	que me den quinientos palos?
	Tómolos, bien lo merezco;
	pero a él no le faltan manos
	y él me los pudiera dar
	con muy grande desenfado;
	pero no, los alcahuetes
	son dichosos.)
Carlos	Ya he firmado;
	leer quiero los dos papeles.
Bofetón (Aparte.)	(En toda mi vida he hallado
	quien sepa darme una vuelta
	o de podenco o de alano.)
Carlos (Lee.)	«Conde Federico: Lo que las lenguas escribieren han de firmar las espadas. La vuestra anduvo tan ocasionada que he menester satisfacerme. Para conseguirlo os espero dentro de la quinta del Infante Carlos; que pues ella está sola y vos tenéis, como privado del Rey, llave maestra de la quinta de su hermano, dentro podremos, vos cumplir lo que decís, y yo castigar lo que intentáis. Marqués Alberto.»

	Este es del Marqués al Conde; estotro del Conde, paso.
(Lee.)	«Marqués Alberto: Para el castigo de vuestras sinrazones os espera mi recato dentro de la quinta del Infante; vos sois su amigo disfrazado, pedidle llave della, que pues está solo, y en la campaña podremos remitir al valor lo que no se fió a la lengua.- «El Conde Federico.»
Celia	¿Qué serán estos papeles?
Violante	No sé, Celia, tan turbados se suspenden mis sentidos que en toda yo no me hallo.
(Cierra los papeles.)	
Bofetón	Él no hace sino mirarme, ¿Si acaso me está tanteando para enviarlos a encargar los cintarazos que hago?
Carlos	De manera que es mi intento con dos papeles que trazo, traerlos hoy sin recelo a un tiempo a mi cuarto a entrambos, y pues anoche no pude buscarme mis desengaños, abrace mi ardid ahora lo que mi industria ha trazado. Con mi esposa y con los dos, vive el cielo hermoso y claro, en cuyo dorado anillo

　　　　　　　　　es el Sol rubio topacio,
　　　　　　　　　he de averiguar mi honor,
　　　　　　　　　porque así me satisfago
　　　　　　　　　si es mi amigo desleal,
　　　　　　　　　si es el Marqués mi contrario,
　　　　　　　　　y si mi esposa... mas no,
　　　　　　　　　esto sentirlo y callarlo.
　　　　　　　　　Y cuando los dos después
　　　　　　　　　satisfagan mi cuidado,
　　　　　　　　　no podrán reñir los dos,
　　　　　　　　　porque aunque fueron llamados,
　　　　　　　　　no siéndolo el uno de otro
　　　　　　　　　no es nadie desafiado.
　　　　　　　　　¿Bofetón?

Bofetón　　　　　　　　　Señor. ¿qué mandas?

Carlos　　　　　　　Estos papeles te encargo:
　　　　　　　　　aqueste va a Federico,
　　　　　　　　　y éste al Marqués; ten cuidado
　　　　　　　　　que no digas cuyos son.

Bofetón　　　　　　　¿Tienen sobrescrito entrambos?

Carlos　　　　　　　Sí le tienen.

Bofetón　　　　　　　　　Porque yo
　　　　　　　　　yerro un papel a dos pasos.
(Aparte.)　　　　　　　(Al Marqués Alberto el uno
　　　　　　　　　y otro a Federico, malo;
　　　　　　　　　el uno es peor que el otro,
　　　　　　　　　su amigo, y papel cerrado
　　　　　　　　　llevaré, si yo le llevo,
　　　　　　　　　pues, el del Marqués, remalo:

          porque aunque fui su alcahuete,
          o alcanzado o no alcanzado:
          si alcanzado, los señores
          al instante que alcanzaron
          alcanzan de cuenta aquel
          que los ha alcanzado, el cuando.
          Y cuando llega el alcance
          del suceso que desearon,
          es la alcanzada la dama
          por el alcance ordinario.
          Pues si a la propia alcanzada
          la arrojaron de um tejado
          ¿qué hará el alcanzador?
          Será fuerza (guarda Pablo)
          Dios por quien él es, me saque
          destos papeles de Carlos,
          porque de su cerradura
          no salga llave a mis cascos.)

(Vase.)

Carlos   Tú vete allá fuera, Celia.

Violante   No te vayas.

Carlos   Yo lo mando.
                 Vete, digo.

Celia   Yo me voy.

(Vase.)

Violante (Aparte.) (Sola con él me he quedado;
                    él cierra todas las puertas,

¡Oh cómo el miedo es villano,
pues en la misma inocencia
sabe esconder su contagio!)

Carlos (Aparte.)   (Ahora que estoy a solas,
suban, suban condensados
los pavores de mi fuego
al centro confusos rayos,
dese a la lengua el recelo,
que es el pecho poco espacio;
lo que han de decir mis ojos,
pregunten doctos mis labios;
satisfacer las pasiones
es de la vida descanso;
aprisiónese el silencio
en la cárcel del cuidado;
dese tormento a la pena
inducidora del daño.
Confesará la inocencia
de mi dueño idolatrado;
no tiene culpa mi dueño,
pues ¿cómo recelos vanos
no os desvanecéis en humo
ya que en fuego habéis volado?
Violante, mi esposa, es
ejemplo de aquel peñasco
en cuya boca se forma
el bronce a pedazos basto.
Columna es en quien se afirma
mi honor, que pesando tanto
es poca basa la tierra
para el que la hiere mármol;
y ahora que yo la abrazo,
satisfacer con la lengua

　　　　　　　　　es agasajo ordinario.
　　　　　　　　　Adonde hay culpa hay recelo,
　　　　　　　　　y ella vive sin cuidado,
　　　　　　　　　dice mucho y nunca son
　　　　　　　　　bachilleres los agravios.
　　　　　　　　　Satisfacer la sospecha
　　　　　　　　　es dar indicios al daño,
　　　　　　　　　ella no me satisface,
　　　　　　　　　y hace muy bien, porque hay casos
　　　　　　　　　en que por satisfacer
　　　　　　　　　se hacen ciertos los fracasos.
　　　　　　　　　Y es el yerro más ofensa
　　　　　　　　　que el indicio del agravio;
　　　　　　　　　aquella puerta primera
　　　　　　　　　va a la quinta de mi hermano
　　　　　　　　　donde ahora está la Infanta,
　　　　　　　　　y temo que algún criado
　　　　　　　　　por el hueco de la llave,
　　　　　　　　　viendo desta luz los rayos
　　　　　　　　　no escuche lo que decimos;
　　　　　　　　　pero un remedio he pensado
　　　　　　　　　para encubrir aquel hueco;
　　　　　　　　　ahora bien, mi daga clavo
　　　　　　　　　sobre la cerraja misma;
　　　　　　　　　pondré el sombrero colgado,
　　　　　　　　　y estando cubierto el hueco...)
　　　　　　　　　(Miré hacia Violante.)

Violante (Aparte.)　　(Él me mira tan airado...)

Carlos (Aparte.)　　(Me asegurará mejor.)

(Saque la daga para clavarla en la puerta, y piense Violante que es para matarla, y túrbese.)

Violante	¿Qué temo? Detén el brazo, Carlos, esposo, señor, y antes que tu indigna mano...
Carlos	Detente...
Violante	Ejecute en mí tantos impulsos errados; yo confesaré mi culpa; culpa tengo.
Carlos	Cierra el labio.
Violante	Señor...
Carlos	¡Que viven los cielos! Que en tu corazón villano, este acero...
Violante	Tente, aguarda.
Carlos	(¡Hay más riguroso caso! Culpa dijo ¡oh pena mía! ¡Que me suspendo! ¡En qué tardo! ¡Que dijese... No lo dijo. Pero ya yo le escuchado. A la luz que da un acero, ¡qué de cosas se miraron!) Monstruo de crueldades lleno, áspid de ponzoña pura, que entre flores de hermosura disimulas el veneno. Confieso, pero condeno

que en tan cobarde pasión
para darme más razón,
aunque es tan grande mi agravio,
haya copiado tu labio
lo que estampó el corazón.
Mas dime, racional fiera
que tu culpa me dijiste
ya que tú la cometiste,
¿no la callarás siquiera?
Pero como injusto era
quedar sin castigo infiero,
que hoy al amago primero,
o por verte o por hallarte,
salió tu culpa a mirarte
al espejo de mi acero.
Viose en él y te disculpa,
tu propio recelo arguyo,
porque este temor no es tuyo,
es el temor de tu culpa;
solamente aquí te culpa
mi dolor y mi pesar,
que entre el callar y el obrar
cupiese en un proceder
el valor para emprender
y el temor para callar.
Pero aunque a mi brazo irrito,
desengañome tu engaño;
¡oh qué grande espero el daño,
pues tú dices que hay delito!
Tus palabras solicito
para mi propia razón,
y débele a mi pasión
que te escuche desta suerte.
Porque ha de salir tu muerte

	de tu propia confesión.
Violante	¿Pues cómo airado, señor,
	con el acero... ¿Por qué?
Carlos	Para cubrir la saqué
	este portillo a mi honor.

(Clave la daga y ponga el sombrero junto a la cerradura.)

	Pero que fuera mejor
	mi propio suceso halla
	en tan honrosa batalla
	ser más seguro caudillo,
	pues cuando guardo un portillo
	tú rompes una muralla.
	Pero no te he de matar
	por una palabra, no,
	que tal vez el labio erró
	y yo no me quiero errar
	mi piedad has de alabar,
	pues aunque culpada estés
	porque más blasón me des
	todo mi honor pongo en ti:
	si hay culpa, la culpa di.
Violante	Oye, y mátame después.
	Despeñábase al mar el rubio coche,
	lo que el día escribió, borró la noche,
	y en menguante fortuna
	lágrimas negras destiló la Luna,
	y en tímidos desmayos
	le mendigaba al Sol mayores rayos,
	cuando, yo en mi retrete retraída,

a mi esperanza le fié mi vida,
desvelada en amarte y en quererte;
y no lo digo para enternecerte,
que en juicio tan honroso
te solicito airado y no piadoso.
Estaba, como digo,
todo mi amor en mí como enemigo,
muy vidriosa toda la esperanza,
amagando mi duda a tu mudanza,
cuando al verte neutral mi pensamiento
ruido en la puerta de mi cuarto siento;
tomé, una luz, salí y abrir me atrevo,
y con la de mi honor dos luces llevo.
Entra un hombre embozado,
yo el colo ren el rostro barajado
de la voz me confío,
el miedo visto del color del brío;
«Quién eres», le pregunto más constante,
y él me responde: «El Rey, doña Violante».
¿Cómo solo en mi cuarto, le pregunto?
Todo el valor difunto.
Mi sentido recela lo que piensa,
prevengo mi razón para defensa;
dispóngome a la muerte,
oigole hablar y dice desta suerte:
«Solo vengo, y de nadie me he fiado;
no es mi cuidado para consultado.
Yo os adoro, Violante, y por vos muero,
y solo vengo a que sepáis que os quiero.»
Volviose y yo quedé...

Carlos	¿Qué le dijiste?
Violante	Muda me retiré.

Carlos	¿No respondiste?
Violante	A callar más confusa me sentencio; no hay respuesta al honor como el silencio.
Carlos	¿Y él no ha vuelto?
Violante	Que es rey prudente infiere.
Carlos	No me alabes, Violante, al que te quiere.
Violante	No se sujeta un rey a amantes leyes: los reyes con amor, también son reyes.
Carlos	Que estoy seguro de mi hermano, digo; prosigue ya, Violante.
Violante	Ya prosigo. Hoy el marqués Alberto, amante mío, el castillo sitió de mi albedrío, y aunque yo me atrinchero de rigores, él me arroja por bombas sus dolores; si al campo salgo, le hallo la campaña, y mi retiro piensa que le engaña. Mi sombra ya olvidada le contemplo si reverencio el templo; si a la ventana doy mejor trofeo, Argos es de mi vida su deseo. de las palabras hace corazones, con músicas me dice sus pasiones, pero viendo su afecto castigado, me piensa conquistar siendo porfiado. Federico, con más temeridades

(ahora es tiempo de decir verdades)
no sé yo, si sabiendo que me adoras,
momentos hace de su amor las horas.
Porque hay tan ruines hombres, yo lo digo,
que quieren a la sombra de su amigo.
Pero de ti señor, no me he espantado,
porque eres noble y has de ser confiado.
Uno por mí suspira, otro me adora,
uno me asiste y otro me enamora;
soy, querida, o me fingen, soy constante,
niégome a su favor..

Carlos   Tente, Violante.

Violante   Soy perseguida, en fin, con tal desvelo...

Carlos   Tente, doña Violante, o ¡vive el cielo!

Violante   No indignes, no, tu ira rigorosa,
¿qué culpa tengo yo de ser hermosa?

Carlos   Tienes razón en esta competencia.

Violante   Perdona si el decirlo es indecencia,
que cuando son los celos los recelos,
no ha de quedar escrúpulo de celos.
Y como eres mi médico prudente,
no te he de recatar el accidente,
en medio, pues, desta desdicha, digo,
secretamente me casé contigo,
y en templado instrumento de primores,
nos cantamos iguales los favores;
volvióse de Sicilia el Almirante,
retirada la Infanta más constante

en esta quinta su desdicha llora:
el suceso de anoche falta ahora.
Maestro el Sol al mundo con desmayos
dejaba escrita la lección de rayos,
y la Luna mirando que se huía
la cátedra de luz sustituía,
cuando yo estotra noche fatigada,
no pienso yo que has menester espada;
para anegar mis ojos en raudales.
¿Qué más acero que contar mis males?
Digo que en ti pensaba a más empeño,
cuando en mí se introduce un blando sueño,
y por no darme enojos,
me bajaba las manos de los ojos.
Yo, pues, para dejarte satisfecho,
trueco el adorno por el blando lecho.
Medio desnuda apenas
desquitaba mis dudas de mis penas;
algún tiempo oigo ruido,
asustó a mis sentidos el oído;
vuelvo a vestir lo más que el miedo quiso,
los sentidos aviso,
porque ninguno al riesgo se acobarde;
dejome sola, el miedo fue cobarde;
miro un hombre embozado
que dio muerte a una luz que había quedado.
¿Por luces (dije) empieza?
Riesgo corre la luz de mi nobleza;
mas aunque mi deshonra me buscaba
para conmigo, aun yo le disculpaba,
que hay error que tal mal se satisface
que aun no le quiere ver el que le hace.
Huyendo de su intento me retiro,
sacome por el rastro de un suspiro;

las violencias mezclaba con los ruegos,
los temores disfrazo en los despegos;
él me buscaba, yo me retiraba;
yo daba voces, él se atropellaba,
cuando otro que a mi cuarto se había entrado
por descuido o traición de algún criado,
le detiene furioso, ataja altivo;
no sé yo si de amante o compasivo
entraste con la espada,
turbada estuve, pero no culpada;
ya sabes lo demás que ha sucedido,
apuremos la culpa que he tenido.
Los dos que anoche hallaste,
donde el castigo de tu honor variaste,
entrambos son culpados;
la disculpa es que están enamorados.
Si uno al otro detuvo tan airado,
si estaba de mis luces abrasado,
aunque me satisfizo,
no lo hizo por mí, por él lo hizo;
la culpa, pues, que mi pureza infama
es no haberte contado aquesta llama
destos opositores,
traidores a tu fe, a mi amor traidores.
Culpa es también casarme yo contigo,
cuando me solicita el que es tu amigo;
culpa fue no decirte mi osadía,
que el Rey, siendo tu hermano, me quería;
culpa fue no contarte mi cuidado,
los intentos de amor en un privado.
Cuando tu amante firme, perseguida,
tantos desmayos padeció mi vida;
pero, señor, esta disculpa advierte,
si callé, fue temor de no perderte;

pero ya que indignada
esgrimo mi razón para mi espada,
o cruel o severo
haz fuentes de mi sangre con tu acero.
Ea, señor, pues dices que hay agravio,
firme la espada lo que escribe el labio,
monstruo me llamas de ponzoña lleno,
sácame de las venas el veneno;
áspid me nombras puesto entre las flores,
triaca suya sean tus rigores.
El Conde no me deja,
el Marqués con afectos me aconseja,
el Rey firme me adora,
dame la muerte, airado esposo, ahora.
No quiero ya que mi firmeza abones,
ya estoy herida de tus sinrazones,
no hay delito en mi honor, ni aleve culpa,
mi muerte ha de servirme de disculpa:
mátame, acaba, digo,
sé cruel, pues no me nombras tu enemigo,
o moriré en mi fuego más constante;
la herida de mi labio es penetrante,
diome en el corazón, y ya en despojos
sangre blanca destila por los ojos,
morir de sinrazón es rigor fiero,
grande es la brevedad de aqueste acero.
Y pues te quise y soy tu amante esposa,
dame, señor, la muerte más piadosa.

Carlos   Tanto tu honor te disculpa
que no te hallo recompensa;
¡que haya quien diga la ofensa
antes de saber la culpa!

Violante	Pues ya llegaste a injuriarme, no hay por qué mi honor abones; no quiero que me perdones, vive Dios, que has de matarme.
Carlos	Si indignado el brazo irrito a darte la muerte ya, quien lo supiere dirá que donde hay sangre hay delito. Y fuera grande indecencia que mi propio intento culpa ya que hice mi error disculpa, haber culpa en tu inocencia.
Violante	Pues eso es, esposo, así, y me llegaste a injuriar, nadie me podrá culpar que yo me dé muerte a mí. El oído he de abrasar que tus razones oyó.
Carlos	Cuando el amor escuchó del que te llegó a adorar, con más razón justo es que entonces le consumieras porque con eso no oyeras lo que dijera después.
Violante	Otra ofensa, aqueste acero, que el espejo se llamó donde dices que se vio tu agravio o error primero será...

Carlos	La ira detén,
	porque es pasión desigual
	que te quieras hacer mal
	con lo que te ayuda al bien.
	Que éste fue el espejo infiero
	adonde en traje de error
	se miró tu propio honor
	desaliñado primero.
	Puso dolo en tu opinión
	el rayo de plata pura;
	mas ya como tu hermosura
	le dio color tu razón.
	Y en tan varias fantasías
	cuando en mi acero te vieres
	serás la misma que eres
	y no la que parecías.
Violante	Yo no te entiendo, señor,
	tú mismo te contradices,
	allí una ofensa me dices
	y aquí me haces un favor.

(Vase hacia la luz a quemarse, y detiénela Carlos.)

                En esta neutralidad
                no culpes mi pensamiento,
                que aquel es un sentimiento,
                y estotra es una verdad.

(Vase hacia la daga que está clavada en la puerta, tómela en la mano, y Carlos la detenga la daga, y se la quite.)

Carlos	Al Marqués espero aquí
	y al Conde quiero esperar

	porque pienso averiguar...
Violante	¿No estáis satisfecho?
Carlos	Sí. Solo castigar querría, no otra cosa, vive Dios, si te han querido los dos sabiendo que te quería; esta luz quiero matar, tú a esta pieza te retira.
Violante	¿Esposo?
Carlos	¿Qué dices?
Violante	Mira.
Carlos	No tienes que recelar, si culpados son los dos, no hagas, Violante. que intente...
Violante	Señor, yo estoy inocente.
Carlos	Pues, esposa, adiós.
Violante	Adiós.

(Vanse.)

(Salen el Rey y el Duque.)

| Duque | Ya estamos solos los dos. |

Rey	Mirad si alguien nos escucha.
Duque	Ninguno escucharnos puede.
Rey	¡Oh nunca, Conrado, oh nunca se embarcara mi venganza en tanto golfo de injurias!
Duque	¿Qué sentís, señor?
Rey	Oíd, porque solo a la coyunda de vuestros sabios consejos, mi altivo cuello se ajusta. Ya sabéis que el Almirante de Sicilia, a quien divulga tanto clarín su grandeza y tanto valor la pluma, ofendido en ver que yo negase a la llama pura de su amor y de su celo la que él pensó esposa suya, se fue a Sicilia enojado, y la Infanta, más confusa, en mi quinta retirada venganza a su ofensa busca. Yo, Duque, mal divertido en querer a una hermosura, cómplice de amor rendí todo el valor que me ilustra, la fama que me engrandece, a la más bella escultura (Bien que no os digo quién es), que labra la aurora rubia,

siendo azucena al follaje
y siendo el clavel moldura.
Hoy, pues, un leal vasallo,
porque mi justicia luzca,
y no porque galardone
el hábito de mis dudas,
me ha avisado que la Infanta
dentro de mi quinta junta
dos amigos los más míos
a la traición más injusta,
al escándalo más grande
que vio la antorcha diurna
desde que entre rosas nace
hasta que muere entre espumas.
Con dos conjurados dicen
que hoy mis intentos burla,
y que dos naves previene
para el desprecio o la fuga,
dos águilas cuando vuelan,
dos ciudades cuando surtas.
Yo a la venganza dispuesto,
por ser venganza tan justa
lo que pudiera a mi enojo
le he encargado a mi cordura.
Digo, pues, que ahora intento,
aunque yo tengo la culpa
que lo que erró la pasión
sepa corregir la industria;
la quinta en que está la Infanta
a la otra quinta está junta
de mi hermano, y pues yo tengo
llave de entrambas en una,
y la quinta está ahora sola
de mi hermano, así procura

        o la justicia el perdón,
        o la venganza mi injuria.
        Entrando en la quinta, pues,
        sin abrir ventana alguna,
        y para saber la causa es la atención más aguda,
        he de encargar al oído
        cuanto mis ojos disculpan,
        y he de saber si la Infanta
        mi muerte airada procura;
        cuales son mis dos amigos
        que solo el perdón ayuda,
        traidores a mi corona
        su propia fama se usurpan;
        y si ella aleve o tirana
        mi muerte o su error consulta,
        otra vez prometo al cielo
        que segunda vez se cubran
        el Mongibelo y el Etna
        de alevosa sangre pura
        jazmín que el campo hermosea,
        clicie hermosa, que al Sol busca,
        cristal que alimenta solo,
        árbol que su plata chupa
        arroyo cuna de nieve
        que mece flores caducas,
        serán sangriento despojo
        al impulso de mi furia,
        jazmín, clicie, clavel, rosa
        árbol, fuente, prado, cuna.

Duque   Pues, señor, si eso es así,
               de mi consejo te ayuda,
               y mi espada te acompañe.

Rey	Sola una duda me turba: ¿quién puede ser en el reino quién contra su fe conjura? ¿Mi hermano?
Duque	Tente, señor, no tu pasión te desluzca, que si eres el Sol de Italia él es rayo que te ilustra. Y en virtud de que es el rayo, es tu luz más clara y pura.
Rey	¿Pues el conde Federico?
Duque	Es el Conde sangre suya.
Rey	¿El marqués Alberto?
Duque	Es terror de medias lunas.
Rey	Estos son los más que quiero, y no a persona ninguna, después dellos, sino a vos.
Duque	Con el galardón me injurias, pues diciendo que me quieres mi sangre y mi fama acusas.
Rey	Si en tantos pongo este dolo, no fuera, no, razón justa dejaros en la sospecha; que cuando a todos se acusan, aquel a quien se reserva

suele ser a quien se culpa.

Duque   Señor, vamos disfrazados,
             porque salgas destas dudas,
             que luego tengo contigo
             de saber en qué se funda
             la victoria de mi honor.

Rey   En mí la tendréis segura.
(Aparte.)   (¡Si mi amor entendió el Duque!)

Duque (Aparte.)   (¡Si el Rey entiende mi injuria!)

Rey (Aparte.)   (¿Que siempre esté el Rey sujeto
                a la pasión y a la duda?.
                ¡Oh qué bien Séneca dijo,
                dueño de la edad futura,
                que eran los reyes humanos
                esclavos de la fortuna!)

(Vanse.)

(Sale Bofetón con luz y Carlos.)

Carlos   Cuenta lo que te ha pasado.
             ¿Distes los papeles?

Bofetón   Óyeme el suceso.

Carlos   Di.

Bofetón   Llegué tan determinado,
             leal a tu amor y fe,
             que en buscar a Federico

mi solicitud publico;
pero, en fin, yo le encontré;
saqué el papel, y con él
hice una gran reverencia
con muchísima indecencia;
oliome y tomó el papel,
segunda vez me miró,
y más mi afecto se humilla;
mandó prevenir pastilla,
rasgó la nema y leyó.
Aguardaba yo el despacho,
y él tanto se confundía,
que estaba cuando leía
como si le dieran chacho;
el amangado a tragedia
de lo que lee en él enfada
media cara amostazada
y avinagrada la media.
Púsose de tintorero,
cabeceó y cabeceó,
ambas cejas arqueó,
calose todo el sombrero.
Comenzó a mirar, temblé,
Él un labio se mordió,
y luego me respondió:
«Diga vuested que sí iré»;
tomé de la puerta el puerto,
el acierto celebré,
y luego al punto llevé
estotro al marqués Alberto.
Leyole el Marqués airado
con cara muy lacia y fiera,
y conociome que era
de la Duquesa criado.

Y, colérico y cruel,
movido de su pasión,
me preguntó: «Bofetón,
¿quién os dio aqueste papel?
—No sé, dije mi razón.
—Pues ¿cómo le habéis traído?
—Siempre papelero he sido,
señor, por mi devoción.
—¡Hola! dijo, y al instante
tomé dos pasos atrás,
y aún pienso que fueron más;
respondió un criado andante:
«Lacayuelo, con perdón».
Y tomé con gran sosiego,
como las de Villadiego
las de villa Bofetón.
«Alcahuete, espérame»,
dijo el lacayo nefando;
yo que le estaba aguardando,
desta manera le hablé:
—Miente el mal casamentero,
mi enojo le respondió,
que al bisabuelo casó,
y bisabuela primero;
los que a su abuela engendraron,
y los que a su abuelo hicieron
las niñas que los mecieron,
las amas que los criaron;
miente tu padre y tu madre,
miente todo lo que hiciste,
miente el día en que naciste
tu compadre y tu comadre;
el vientre, que fue tu horno,
y a tus deudos y parientes

	les echo quinientos mientes
	de linajes en contorno.-
	Él, que se halló desmentido,
	como quien no dice nada,
	de una vaina colorada
	sacó un estoque buido;
	púseme, en fin, a esperar,
	tiró una estocada fiera,
	tomé la calle primera
	y te he venido a buscar.

Carlos   En fin, ¿diste los papeles?

Bofetón   Ya los he dado, ¿qué esperas?

Carlos   La luz como es tan de día
por estos resquicios quiebra,
y me importa, Bofetón,
cubrir ventanas y puertas.
Toma estas dos almohadas,
y en esta ventana mesma,
las arrimas, porque así
se encubra la luz.

Bofetón   ¿Qué intentas?

(Tome Bofetón las dos almohadas y arrímelas al resquicio de la ventana.)

Carlos   Note digo dese modo,
cúbrelas desta manera.

Bofetón   Tapiada está la ventana,
es imposible que vean
los que entraren, a las luces,

	las personas que hay en ellas.
	Pues allá fuera también,
	que están tan cerradas, piensa
	cómo cuatro cejijuntos
	con clavos de a más de asesma.
Carlos	¿Has clavado las ventanas?
	Pues vete ahora allá fuera
	y no te alteres de nada,
	aunque oigas, mires y sientas.
Bofetón	Quédese vusté con Dios;
	ya no salgo a la comedia
	y ya me voy a mi casa,
	porque no quiere el poeta
	que te haga estorbo el gracioso
	cuando hay un paso de veras.

(Vase.)

Carlos	Ahora bien, llamo a mi esposa.
	¿Doña Violante? ¿Duquesa?

(Salen Violante y Celia.)

Celia	Él te ha llamado, señora.
Violante	Esposo, ¿qué mandas?
Carlos	Celia,
	¿puesto que a ti no te llamo
	a qué has venido acá fuera?
Celia	A acompañar a mi ama.

Carlos	Vete al momento.
Celia	Ello es fuerza, que el gracioso y la graciosa sigan una propia tema; y pues él no ha de salir, denme vustedes licencia, que voy a pedir un vítor si sale bien la comedia.
(Vase.)	
Carlos	Ya sabes mis intenciones, y porque mejor las sepas, a escuras en esta sala, fingiendo la voz, quisiera, como fingidas palabras. Averiguar mis ofensas. matando la luz pretendo que los dos a escuras sean en el pleito de mi honor los testigos que confiesan, pues también tengo cerradas las antesalas primeras porque aquí no llegue luz. Solo me falta que sepas que el Rey ioh Violante mía! No sé como aquesta pena no me embaraza el contento de hallarte en mis brazos tierna; que el Rey, mejor mariposa con alas mal satisfechas, sacrificando su vida

tu ardiente luz galantea;
que me ha dicho que te ablando,
me ruega que te enternezca,
y se ha entrado por el bronce
pudiendo buscar la cera.
Díjome que te dijese,
(¡Oh quién, ay celos, pudiera
decirte lo que él me dijo
y hacerte que tú no lo oyeras!)
Que te quiere, que te adora.
¡Oh qué ágil está la lengua,
turbada para las dichas,
y fácil para las penas!
Y, en fin, hacia aquesta parte.

(Suena ruido a un lado.)

Ruido de pisadas suena,
y a estotra parte también

(Suena ruido a estotra parte.)

(Mátala.) escucho pisadas nuevas.
Ahora bien, mato la luz.
Ahora mi ardid empieza,
averiguaré mi agravio,
yo solicito mi ofensa.
¡Qué haya quien vaya a buscar
aquello que no desea!
¿A cuál parte iré primero,
supuesto que en las dos puertas
a un tiempo siento ruido?
Primero quiero ver esta.

(Vase.)

Violante	¿Ahora matas la luz cuando esperas mi respuesta? Mas luz tienen mis razones para conocer mis quejas.

(Salen el Duque y el Rey.)

Rey	A buena ocasión llegamos, a escuras están las piezas, hacia aquí escuchar podremos, que a este lado está la puerta que pasa hasta esotra quinta.
Duque	Pues, señor, escucha y llega.

(Al tiempo que van llegando habla ella.)

Violante	¿Posible es, infante Carlos, que siendo mi esposo quieras atropellarte tu fama por cumplir con tu obediencia?
Rey	Duque, oíd, ¿no es vuestra hija?
Duque	¡Viven los cielos que es ella! ¿Quién la ha traído a esta quinta?
Violante	¿Cuando yo soy roca opuesta al viento de los suspiros, que destila el Rey en Etnas; cuando olvido tu privado...

Duque	¡Cielos! ¡Que esto me suceda!
Violante	Que de mi desdén cansado
hace de su afecto tema
cuando a Federico olvido...

(Inquiétese el Duque y vaya a atajarla, y téngale el Rey.)

Rey	Sosegaos, Duque.
Violante	¿Tú intentas,
que le escuche al Rey favores;
tú me dices sus finezas
tú me dices sus deseos
siendo yo tu esposa mesma
tú dices que el Rey me quiere?
O a mí o a ti te desprecias;
pues llegando a la lealtad,
no te apartas de la ofensa.
Rey (Aparte.)	(A averiguar la traición
vine de la Infanta bella,
y la traición de mi amor
me deja esotra suspensa.
¡Casado ya con Violante
mi hermano, y que yo lo sepa!
Ella airada contra mí,
y él que la quiero le cuenta,
lealtad es que mi amor diga;
traición que su esposa sea;
pero vengo a discurrir
entre dos cosas diversas,
que en un sujeto no caben
la traición y la fineza.)

Violante	Cuando los dos nos casamos, no supe que me quisiera el Rey, ni tú lo sabías y no puede tener queja el Rey, que tú no me digas lo que él te manda que sepa. Pero, en fin, no tiene culpa que castigarla no pueda ni atajarla mis agravios.
Rey (Aparte.)	(¡Que mi valido la quiera y Federico la adore!)

(Sale el Marqués. Carlos retirándose.)

Carlos (Aparte.)	(El Marqués viene a buscarme, que soy Federico piensa; disimular es preciso.)
Marqués	Ya yo he llegado a que sepas que castigará mi acero lo que articuló tu lengua; Federico, pues llegaste antes que yo, bien pudieras abrir esas dos ventanas.
Violante (Aparte.)	(Ya en la sala el Marqués entra, callar aquí es importante.)
Carlos (Aparte.)	(Disfrazar la voz es fuerza.)
Rey	Duque, ¿qué es esto que pasa?

Carlos (Aparte.)	(Que soy Federico piensa.)

(Sale el Conde, embozado, al otro lado.)

Conde	Por las tapias he saltado de la quinta, ya entré en ella, no tuve llave, en efecto; ¡qué escuras están las piezas! Si supiera dónde está, un balcón desos abriera.
Marqués	Mas si no queréis abrir, Federico, acabad; ea, sacad ya la espada y dadme el enojo por respuesta; digo que es verdad que anoche al cuarto de la Duquesa entré amante, no traidor; tengo amor, vos qué violencias... Acabad.
Conde	Él me ha sentido.
Carlos (Aparte.)	(¡Oh quién ahora tuviera la voz del Conde, mi amigo, para examinar mis quejas!)
Conde	Marqués, pues hemos llegado a reñir los dos, quisiera que en la antesala riñamos.
Rey (Aparte.)	(¿Hay aventuras más nuevas?)
Carlos (Aparte.)	(Federico ha respondido.)

Marqués	Primero quiero que sepas
que aunque a la Duquesa quise,
no supe que la Duquesa
era esposa del Infante;
que a saberlo, me venciera;
no sé qué traidor amigo
sacrílegamente intenta
profanar mal corregido
el templo de la nobleza.
Conde	A saber yo que el Infante
la adoraba, no pusiera
los ojos de la intención
para hacerle humana ofensa.
A vos os detuve yo,
y ya en Nápoles se cuenta
que el Rey adora a Violante;
vos lo sabéis, y así es fuerza,
que sea a su Rey traidor
quien quiere lo que él desea.

(Sale la Infanta por la puerta con la espada desnuda.)

Infanta	Traidor al Rey, he escuchado
al pasar a estotra pieza,
y como a escuras estaba
esta sala me fue fuerza
correr todas estas cuadras
y vuelvo a cerrar la puerta.
Marqués	Vos sois quien traidor se nombra,
pues profanáis la pureza
de la amistad y la sangre.

Conde	Vos quien hace a un rey ofensa.
Marqués	¿Pues sin luz?
Conde	Sin dilación.
Marqués	Cobarde.
Conde	Desta manera...

(Sacan las espadas y van a embestir, métese la Infanta.)

Infanta	Ahora me toca a mí, que Italia y el mundo sepa, aunque lo ignoren traidores, quién es la Infanta Isabela. ¿Quién está en aquesta sala? ¿Quién son los que en esta pieza, por no mirar su traición la luz celestial se niegan?
Violante (Aparte.)	(¡Cielos! ¿qué es esto que pasa?)
Rey (Aparte.)	(La Infanta Isabela es ésta.)
Infanta	Los que traidores, cobardes, traición contra el Rey intentan...
Marqués (Aparte.)	(Mudo me tiene el suceso.)
Conde (Aparte.)	(Suspenso el caso me deja.)
Infanta	¡Vive Dios, que, aunque mujer,

                        tanta sangre suya vierta,
                        que el mar, campo de cristales,
                        monstruo de corales sea!
                        ¿Quién fue quien dijo traidor?
                        Hablad, alevosos, ea.

Carlos (Aparte.)   (Peligrar en los remedios
                        tantas veces...)

Infanta   ¿A qué esperan
                        que no me dicen quién son?
                        Que aunque por mí no debiera,
                        puesto que me ofende el Rey,
                        volver por su sangre mesma,
                        yo para conmigo quiero
                        deberme aquesta fineza;
                        y quiero que sepa Italia
                        y que Sicilia lo sepa,
                        que puede el Rey Sigismundo
                        o por enojo o violencia
                        airadamente eclipsar
                        las luces de mi nobleza;
                        mas como el Rey es el Sol
                        que astros y Luna alimenta,
                        y yo añadido lucero
                        vivo a sus luces sujeta,
                        en faltando la del Rey
                        morirá mi luz con ella.

Duque   Mire vuestra Majestad
                        o escuche la diferencia
                        de lo que noble asegura
                        a lo que traidores cuentan.

Rey (Aparte.)	(Contento el caso me tiene. ¡Qué leal y qué resuelta!)
Infanta	¿Calláis? Pero sois cobardes seréis traidores.
Carlos (Aparte.)	(Apenas en un peligro remedio cuando otro peligro llega. Ahora bien, yo quiero ahora desmentir esta sospecha. Desta manera ha de ser, abrir la ventana es fuerza.)
Infanta	En fin, ¿no me respondéis? Pues esta espada sangrienta

(Abre la ventana Carlos, y vense todos.)

	castigará... mas ¿qué miro? Señor, ¿aquí vuestra Alteza?
Carlos	Señor, vuestra Majestad...
Marqués	Vos, señor...
Conde	Yo aquí, si es fuerza...
Violante	Padre, señor, ¿qué es aquesto?
Rey	Suspended todos las lenguas, y para deberme el hecho, la atención también os deba.
(Lléguese a Carlos.)	Carlos, sé vuestra lealtad,

                            y aunque es vuestra la Duquesa,
                            vos no supistes mi amor
                            cuando os casastes con ella;
                            y supuesto que constante
                            sois leal a mi grandeza,
                            a vos toca la lealtad
                            y a mí toca la fineza;
                            gozadla con el seguro
                            de ser quien sois, y ser ella
                            hija del Duque, mi sangre;
(Llegue a la Duquesa.)   gozaos con Carlos, Duquesa.
                            vos, Conrado, tendréis honra;
                            y tú, Federico, piensa
                            que eres su leal amigo,
                            supuesto que tú confiesas
                            que si supieras su amor
                            tu amor ardiente muriera.
(Al Marqués.)   Vos, Marqués, en mi favor
                            quedáis con mayores pruebas
                            de vuestra lealtad; pues veo
                            que ha propuesto vuestra lengua
                            que a ser yo quien la adorara
                            fuerais quien la aborreciera.
(A la Infanta.)   Vos, señora, habéis venido,
                            o por ruego o por violencia
                            a casaros con mi hermano,
                            y en toda Italia se cuenta
                            que le aborrecisteis siempre
                            ya bien sabéis que fue tema
                            pedir al Rey vuestra hermana;
                            pero porque a un tiempo vean
                            que aquello no ha sido amor
                            y que esto es precisa deuda,
                            por cumplir con vuestro padre

	satisfaré vuestra queja.
	Ésta, señora, es mi mano;
	con que a un tiempo se celebran...
Carlos	Tu grandeza en mi favor.
Marqués	Tu justicia en tu clemencia.
Conde	Tus premios en tu favor.
Infanta	Tu amor en tu recompensa.
Rey	Con que quedamos a un tiempo...
Carlos	Yo dichoso.
Violante	Yo contenta.
Marqués	Tu esclavo yo.
Conde	Yo tu amigo.
Duque	Yo con honra.
Infanta	Yo sin queja.
Rey	Solo falta que el Senado...
Carlos	Olvide las faltas nuestras.
Violante	Porque se deba a su voz...
Infanta	Porque a su piedad se deba...

Carlos	El perdón de nuestros yerros.
Violante	Y solo pido licencia
que le den todos no vítor.
Infanta	A pagarle cuando sea
el oyente, y vuesarcedes
los que escriban la comedia.

Fin de la comedia

Libros a la carta

A la carta es un servicio especializado para
empresas,
librerías,
bibliotecas,
editoriales
y centros de enseñanza;
y permite confeccionar libros que, por su formato y concepción, sirven a los propósitos más específicos de estas instituciones.
Las empresas nos encargan ediciones personalizadas para marketing editorial o para regalos institucionales. Y los interesados solicitan, a título personal, ediciones antiguas, o no disponibles en el mercado; y las acompañan con notas y comentarios críticos.
Las ediciones tienen como apoyo un libro de estilo con todo tipo de referencias sobre los criterios de tratamiento tipográfico aplicados a nuestros libros que puede ser consultado en Linkgua-ediciones.com.
Linkgua edita por encargo diferentes versiones de una misma obra con distintos tratamientos ortotipográficos (actualizaciones de carácter divulgativo de un clásico, o versiones estrictamente fieles a la edición original de referencia).
Este servicio de ediciones a la carta le permitirá, si usted se dedica a la enseñanza, tener una forma de hacer pública su interpretación de un texto y, sobre una versión digitalizada «base», usted podrá introducir interpretaciones del texto fuente. Es un tópico que los profesores denuncien en clase los desmanes de una edición, o vayan comentando errores de interpretación de un texto y esta es una solución útil a esa necesidad del mundo académico.
Asimismo publicamos de manera sistemática, en un mismo catálogo, tesis doctorales y actas de congresos académicos, que son distribuidas a través de nuestra Web.
El servicio de «Libros a la carta» funciona de dos formas.
1. Tenemos un fondo de libros digitalizados que usted puede personalizar en tiradas de al menos cinco ejemplares. Estas personalizaciones pueden ser de todo tipo: añadir notas de clase para uso de un grupo de estudiantes, introducir logos corporativos para uso con fines de marketing empresarial, etc. etc.

2. Buscamos libros descatalogados de otras editoriales y los reeditamos en tiradas cortas a petición de un cliente.

www.ingramcontent.com/pod-product-compliance
Lightning Source LLC
LaVergne TN
LVHW041256080426
835510LV00009B/764